今すぐマネできる

エシカルライフ118のアイデア図鑑

梨田莉利子

日東書院

〝エシカルな暮らし〟ってどんな暮らし？

どんなに頭でわかっていても行動しなければ先送りになるだけ、
どんなにそれが環境に良くっても続かなければ意味がない。
本書でお伝えしたいのは、無理なく、無駄なく、
地球にも私にも〝ゆるっと〟やさしいエシカルな暮らし方のアイデアです。

土に還る天然素材だけで揃えたブラシ類。エシカルな暮らしへの第一歩。

エシカルな暮らしは「私にやさしい」

これからは「エシカルな暮らし方」をあたり前にしたいから。難しいことや面倒なことは続きません。だからこそ、エシカルはまず「私にやさしい」があたり前。「これならできる！」を少しずつ増やすと、まいにちが整いはじめるから不思議です。

エシカルな暮らしは「やらなきゃ」では続かない。まずは私が愉しむことから。

エシカルな暮らしは「家族にやさしい」

家族って、お互いを幸せにできる最小単位。有機野菜を選んだり、環境に良いお掃除や洗濯に切り替えることとは、実はそのまま家族の大切な健康を守ること。エシカルは家族にもやさしい。

有機野菜のヘタや皮で作る「野菜だし」。添加物なしで作れる、我が家の極うまブイヨン。

家の中で不要になった土に還るものはすべてここへ。生ゴミや野菜クズがきれいな土になることを子どもたちも間近で学べます。

エシカルな暮らしは「未来にやさしい」

この数十年で、地球に「環境破壊」という大きな借りができました。タイムリミットはどれくらい残っているかわからないけれど、今はじめなきゃ手遅れになることは、本当のこと。

エシカルな暮らしは「お財布にもやさしい」

「エシカルな暮らしってお金がかかりそう？」。いえいえ、そんなことはありません。本当のエシカルな暮らし方は〝今あるもの〟に目を向けるから、浪費がなくなり、お財布にもやさしい経済的な暮らし方なのです。

SDGs、サスティナブル、エシカルってどう違うの？

私自身は、SDGsの中にサスティナブルがあり、サスティナブルを実行するには**1人1人の「倫理的な行動」つまりエシカルな暮らし方が大切**だと思っています。難しくとらえずに、できることからで大丈夫。**昨日より1枚、ビニール袋を減らすだけでも立派なエシカル。**本書の118のアイデアから、まずは1つ見つけてやってみましょう。

SDGs
エス・ディー・ジーズ

目標

「持続可能な開発目標」という意味。「S」はサスティナブルの「S」です。**国連が定めた2030年までに達成したい、世界の目標**のことを指します。

Sustainable
サスティナブル

目的

「持続可能な」という意味。エシカルよりももっと大きな枠組みで使われることが多い言葉です。未来に向かって**地球環境に良い社会と環境を作る**というイメージです。

Ethical
エシカル

行動

「倫理的」や「道徳的」という意味。環境に良いという言葉で使われることも多いのですが、私自身は**個人が行う倫理的なアクション**という感覚です。

100円ショップとファストファッションをやめてみた

街を歩けば必ず見つかるもの。それは100円ショップとファストファッションです。我が家は、大阪の郊外にあるのですが、それでも自転車で数分圏内に、100円ショップが4軒。これって、少し変じゃないかな？　と感じています。100円ショップって確かに便利で楽しい。その気持ちは私も同じです。でも、この「100円だから」が大きな落とし穴になっているような気がします。

私にも経験があるのですが、必要なものを買いに行って、無駄なものを買って帰ってくる。これってお買いものあるあるだったりします。数百円の出費の予定が数千円になってしまう。これで「将来の年金や貯蓄が不安だ」と言っているのはちょっと違うなぁ……。そんなふうに買ったものも大切にできれば良いのですが、私の場合は部屋の片隅で埃をかぶって、数年後にはゴミになってしまっていたのです。これではいけない！　と一念発起し「とりあえず100円ショップへ行く」という発想をやめてみました。

と言っても、100円ショップをまったく利用しないわけではありません。ガラス容器や子どもが使うノートなど、愛用しているものもあります。100円ショップのすべてが悪いのではなく「間に合わせ」「使い捨て」「便利グッズ」「ついで買い」という「あったらラクかも思考」に取り憑かれて、本当は必要ないのに購入しているものってありませんか？　それって、その商品じゃないとできないことでしょうか？

実は大抵の場合、他のもので代用できる場合が多かったりします。例えば、にんじんをせん切りするような専用の道具は、月に何度使うでしょうか？　その道具が日常に幸せをもたらしてくれるものであれば良いのですが、年に数回しか使わないなら、買ってすませるより「どうやったら買わずにすませられるか？」を考えたほうが、頭にもお財布にも良いのじゃないかなぁ？と思うのです。

　同じことがファストファッションにも言えます。私もファストファッションが大好きでしたが、エシカルを深く学んでいく上で、少し考えを改めました。ファッション業界には、華やかさの裏側で犠牲になっているものがたくさんあると知ったからです。例えば、リアルファー。昔はファーを着ている人はお金持ち！　という図式が出来上がるくらい高価で貴重なものでした。ですが今は雑貨屋さんなどに置かれた手袋などにもリアルファーが使われていたりします。それも数千円で。そんな安いファーを採取するには出来るだけお金がかからない方法で動物から毛を採取しなければなりません。その方法は、動物に苦痛を与える方法であることを知ってしまいました。他にもファッションを取り巻く社会問題はたくさんあります。ウールやカシミヤなど、冬になるとお世話になるセーター。羊の中には、ミュールジングと言って子羊の臀部や陰部のしわに汚れが溜まりウジが涌《わ》いてしまうのを避けるため、無麻酔で皮膚や肉の一部を切り取るという方法が存在すること。やさしい自然素材のイメージが強い綿の栽培には大量の農薬と水が必要な上、安い金額で取引されるため、契約農家さんの貧困問題が根深いこと。それだけではなく、洋服の廃棄問題。洋服を作る過程で出るCO_2。洗濯するたびに大量のマイクロプラスチック（→P154）を排出する化学繊維。1つ1つを知るごとに、胸の痛くなることが多かったのです。

「できること」からはじめてみれば

と、こんなふうに書くと、あまりの問題の大きさに「私」にできることなんてないような気がしてきます。私自身も「エシカルに生きたい！」と思いはじめ、暮らしを実践していく中で、途方にくれてしまったこともたくさんありました。考えれば考えるほど、追求すれば追求するほど、選択肢はせまくなって「山に移住して自給自足」しか方法がなくなってくるように思えたのです。

それは我が家にとってあまりにもハードルが高く「ムリー！！！」と叫びたくなる選択肢でした。老齢になっていくお互いの両親を置いて、私の「エシカル」のために移住？ でも夫の仕事の内容を考えれば、移住は夢のまた夢。収入が極端に低くなっても「エシカル」に生きるために移住する？ という現実的なところや、「いやいや、虫嫌いやん？ 絶対でっかい虫とかいてるやん？」「自給自足した野菜を全部鹿や猪に持っていかれることってあるよね？ それで大丈夫なの？」なんて、ちょっと吹き出してしまうことまで……。都会暮らしに慣れ切った脆弱《ぜいじゃく》な我が家には、強固なお城の壁よりも、高くて分厚い壁が目の前にそびえ立っていたのです。

そんなふうに考えると、移住できない自分が「エシカル」を語る資格はないのでは？ と思ってしまいます。実際にはそれで卑屈になっていた時期もありました。でも、ある日、ふと、こんなふうに思えたのです。

「エシカルに暮らすことは、誰か1人のテーマではなく、これからは世界全体の目標なんじゃない？　だったら、だったらですよ！　完璧な自給自足人間が1人いるよりも、みーんなが自分の暮らしを3割くらいエシカルにできれば、きっと世界は変わるはず！」

そう思いついた時は、自分自身でも目から鱗でした。そしてインスタグラムアカウントを立ち上げたら、思いがけずたくさんの人に支持していただき今に至ります。

個人でできるエシカルな暮らしや生き方は、「環境問題に大きな声をあげる」というよりは「私はそれを選択しない」という考え方で生きていく方法です。だから、この本で提案する「エシカルな暮らし」は、本当にゆるっとできることばかり。なぜなら、難しいことって続かないからです。例えば、今すぐできることの1つに「スポンジを変えてみる」というアクションがあります。これなら数百円でできます。「エシカルに暮らしたいから！」と意気込んだところで数十万円かかってしまったら、続けることどころかはじめることすら困難です。だからこそ「できることからはじめてみる」が、とっても、とっても大切なのです。

エシカルな暮らしは、個人が1日や2日頑張ったくらいで環境が良くなるわけではありません。ちょっと良いことを細～く、長～く続けることが1番大切なことだったりします。それを続けるためにも、ほんの少しの工夫でできることをちょこっとはじめてみる。そうすると、暮らしの変化が自分自身の豊かさに繋《つな》がっていきます。そんなゆるエシカルライフをはじめるヒントを見つけてもらえたら嬉しいです。

contents

contents

Chapter 1

エシカルライフはじめの一歩

難しそう？　お金がかかりそう？
いえいえそんなことはありません。
エシカルライフは、すこぉし視点をずらして
「あたり前」を見直してみれば、
簡単にできることばかりです。
この章では、はじめて「エシカルな暮らし」に
挑戦する人でもチャレンジしやすい
アクションをご紹介しています。
「あぁ、こんなことでいいの？」
と拍子抜けするほど
簡単なことばかりを集めてみました。

塩とゆずをミルフィーユ状にして置いておくだけで、便利なゆず塩に。有機レモンで同様に作るレモン塩もおすすめです。

「普通であたり前」を見直す

「環境にやさしくエシカルに暮らす」そんなふうに聞くと、途端に難しく、そして面倒くさそうに感じてしまいます。ですが、はじめの一歩を「えいやっ！」と歩みはじめると、そこには素晴らしい景色が広がっていて、まいにちが愉しくなってくる。それが私のすすめる「ゆるっとエシカルライフ」です。

そんなゆるエシカルライフは、まず、日常のあたり前をじっくりと見直すことから。例えば食事の時には、器に食材を入れて食卓に並べるのがあたり前です。食事をして、食材が余ったらラップを掛けて冷蔵庫に保存しておく。これが「普通であたり前」ではないでしょうか？　でも、少し考えてみてください。残りものの上からラップを掛けるとなると、ラップが1枚消費されます。ラップを使わず余った食材を器から保存容器に移すとなると、器を洗うために水を使うことになります。だったら、その器をはじめから保存容器にするのはいかがでしょう？多めに作ったおかずなどは保存容器に入れて食卓に並べると、ラップと水を無駄にせずにすみます。保存容器だけで味気なさを感じる場合は、多めに作ったものは保存容器に。一度で食べ切れるものは大好きな器に。など、メリハリを持たせると、食卓にリズムも生まれます。

エシカルな暮らしはこんなふうに、今までの「普通であたり前」を見直すことから。例えば、私が愛用している保存容器の1つにドイツのＷＥＣＫ《ウェック》社のものがあります。イチゴがトレードマークのこの保存容器は本当にたくさんの種類があり、眺めているだけでもウキウキするのですが、使いやすさは１９００年創業というその長い歴史でお墨付き。シリコンと留め金でパチン！と密閉できるのもプラスチックフリーで魅力的ですし、丈夫で割れにくい点から、子どもたちが小さな頃からコップとしても使っています。１００円ショップで手に入れた小さなＷＥＣＫは、お弁当の仕切りとして使うと、使い捨てのゴミもプラスチックフリーも叶って一石二鳥。手作りのクリーム入れとしても愛用しています。「保存容器」として捉えてしまうと、食品を保存することのみに焦点を合わせてしまいがちですが「ガラスの入れもの」と捉えて考えると、その活用の幅は大きく広がることも。

名前やカテゴリはわかりやすくて便利ですが、ついついモノの見方を狭めてしまいます。どんなものもまずは専用という枠をとっぱらって眺めていると、エシカルな使い道が見えてきます。ぜひ、日常のあたり前をもう一度見直してみることからはじめてみてくださいね！

保存容器と仲良く暮らす

保存容器は食品を保存するだけ？　いえいえ、そんなもったいない！　少し視点をずらして、違う場所から眺めてみれば、使い方は何通りにもなります。

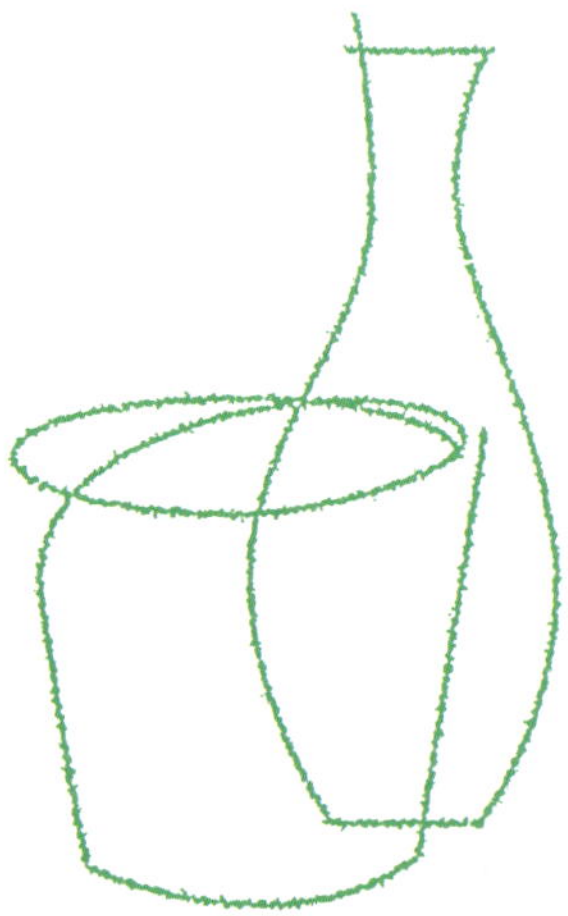

1 WECKの保存容器をお弁当の仕切りに

100円ショップで売っているWECKの小さな保存容器をお弁当の仕切りに使っています。紙のものは一度でゴミになりますし、シリコンのものはべたつきがなかなか取れなくて水も洗剤も多く使ってしまいます。ガラスなら、その両方をクリアにしてくれる、まさに一石二鳥アイテム。

2 手作りのクリームを入れて

スキンケアにも髪にも使えるクリーム(P.101)を手作りしています。そんな手作りにもWECKはおすすめ。煮沸消毒できる瓶だということと、保存期間があまり長くない手作りなので、少なめサイズがちょうどいい。佇まいも可愛くて、テーブルの上などに出していても嫌じゃないところも大好きです。手作りクリームは家族みんなが使うから、すぐになくなるんですけれどね……。

3 1度で捨てないガラス瓶

調味料や食材を購入する時には、出来るだけペットボトルやプラ容器でないものを探すようにしています。使い終わったら、煮沸消毒し、保存容器や花瓶やブラシ立てや収納など、ありとあらゆるものに使います。家の中で徹底的に使い切って、最後はリサイクルに出すようにすると、ゴミが減ってとっても気持ちがいいのです。

WECK

2

1

国産・有機米の
醸造酢 純米酢
Organic
EXTRA VIRGIN
OLIVE OIL
オーガニック
エクストラバージン
オリーブオイル
Mayonnaise
キサイチマヨネーズ
KISAICHI
有機トマト使用
[減塩]
トマトケチャップ
Kensho
九鬼 純正

3

4

5

6

7

4 ラップいらずの保存容器IWAKI

食材を盛りつけたらそのまま食卓へ。余ったら蓋をして、冷蔵庫で重ねてしまえる優秀さ。中身が見えるから、食べ忘れも防げます。食品ロスをしない仕組み作りにも。

5 温・冷の二刀流

IWAKIの器は、このまま冷凍もでき、電子レンジでも使えます。我が家はグラタンもこれで作っています。温度差だけ気をつければ、ガラスは清潔を保てて使いやすい！

6 計り売りのお店に持って行く

最近、少しずつ見かけるようになった計り売りのお店には空き瓶を持ってお買いものに行きます。積極的に利用することで、そんなお店が増えてくれたら……！　の願いも込めて。

7 空き瓶はとにかくとっておく

少し残ったネギを入れたり、少しずつ貯めておきたい柚子の種を入れたり。空き瓶はとにかく家庭内でリユースが基本。新しい保存容器も買わなくてすみます。

空き瓶も空き缶も暮らしの相棒

いざ、整理整頓をはじめよう！　と100円ショップに
整理用のプラスチック容器を買いに走っていませんか？
目を凝らしてみれば、あるんです。おうちの中に整理整頓の得意な子たちが！

8 収納は プラスチックフリーで

洗面台の鏡の扉の内側です。オーラルケアやスキンケア用品など、ほとんどのものを手作りしているので、プラスチックフリーで収納ができます。見た目もきれいで嬉しいし清潔を保てるので気に入っています。

9 トイレには “クエン酸ふりかけ”

トイレ掃除に使うクエン酸も空き瓶に。蓋にキリで穴を開けて、”クエン酸ふりかけ”と呼んで使っています。

10 重めのブラシも ガラス瓶なら大丈夫

身だしなみコーナーのブラシ立てにもガラス瓶を。瓶は重さがあるので、しっかりしたものを入れても支えてくれる優秀さ。

8

9

10

11 文房具は空き缶、空き箱に

子どもたちが使う文房具やシール、折り紙なども空き缶や空き箱に入れて収納しています。100円ショップへ行けば、専用のものはあるでしょうが、まずはあるもので収納してみると、違った景色がひろがるかも。

12 外国のお金は空き瓶で鑑賞

しばらく海外への旅はできていませんが、旅は大好き。子どもたちにも、色々な国のお金を知って欲しくて、各国のお金を空き瓶で収納。日本のお金と見比べてみるのも学びに繋がりますし、いつか行ってみたい！　という好奇心の刺激にも。

13 紅茶の空き缶を鉢カバーに

紅茶の空き缶は、鉢カバーなどにします。色も形も可愛くて、インテリアにも馴染むのでとっても気に入っています。

軽やかにはじめるさらし生活

エシカルな暮らしをハードルの高いものにしていることの1つが「エシカルな商品を購入しなければならない」と思っていることではないでしょうか？　それこそ、実は難しい。まず、どこに売っているの？　ちょっとお値段が……。そうなんです。普通のお店では、まだまだエシカルな商品って数が少ないですし、そもそも、何をどう買ったらいいのかもわかりません。そこで考えていただきたいのが「消耗品」のことです。

ここで言う消耗品とは「使って数分または数時間、一度きりでゴミ箱行きになるもの」のことを指します。おうちの中を見渡してみてください。意外に多いことに気づくはず。ラップ、キッチンペーパー、クッキングシート、お掃除シート、ティッシュペーパー、トイレのお掃除シートなどなど。とってもとっても便利なのですが、考えてみれば、これらがなかった時だって、台所仕事やお掃除は存在していたはず。これらのものが台頭して、どこでも買えるようになったのはここ数十年のことではないでしょうか？

そこで登場するのがさらしです。さらしは日本古来のもので、和装の時の長襦袢や下着、幼児の寝巻きなどに使われていたもの。本来は、漂白したもののことを指すのですが、我が家では未漂白のオーガニックさらしを愛用中。我が家では、保存容器とさらしのおかげで、ラップなし、キッチンペーパーなし、お掃除シートなしの暮らしを実現できています。

さらしは、お台所で使い終わったものをウェスや雑巾に。雑巾の後も、細かいところを拭いて、最後はコンポストに還る本当にすごいヤツ。面倒くさそう？　いえいえ、コツさえ掴《つか》めればそんなことはありません。むしろ、大量のストックや買いものと決別できて軽やかに暮らせます。

14 冷凍のおむすびは さらしに包む

食品の冷凍はあまりしないのですが、たまにおむすびやパンを冷凍します。しっかりと煮沸消毒した濡れたさらしでおむすびを包み、ガラスの保存容器で冷凍。こうすると、ラップを使わずにすんで、解凍の際には、蒸籠《せいろ》にそのまま入れることができます。→P.46

さらしを使いこなす

ラップ、ポリ袋、キッチンペーパーなどなど台所にはたくさんの「使い捨て」が存在します。

出来るだけそれらを減らしたくてはじめた「さらし」を使う暮らし。

これだけで、ゴミが随分減って、心地良く暮らせます。

15 さらしはすぐに使えるように準備しておく

何かをはじめるとき、ついつい先送りにしてしまうのは「面倒くさい」という気持ちから。だからこそ、いつでも使いはじめられるように、面倒くさいことをはじめるまでの物理的な距離を縮めるのが、1番の方法です。

step 1

まずはハサミで使いたい大きさのところに、切り込みをちょこっと入れます。

step 2

手で裂きます。手で裂いたほうが布がほつれません。

step 3

用途に合わせて、大小いろいろあるほうが使いやすいです。

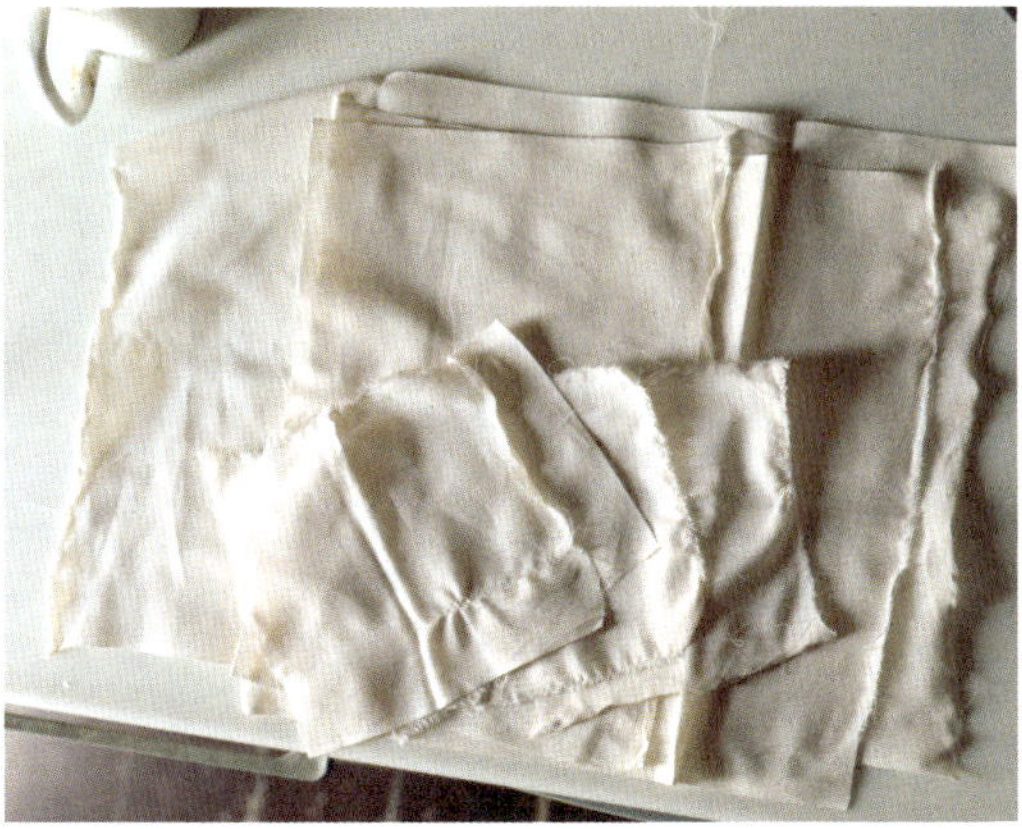

step 4

使う前に5～10分程度、煮沸消毒します。使ったあともきれいに洗ってからこれをまいにち繰り返します。汚れがひどい時は、「食べられる重曹」と呼んでいる食品基準の重曹で煮沸消毒することも。

step 5

すぐに水で冷やします。あとは絞って干すだけです。

16 洗ったさらしは キッチンシンクの上で干す

小さな洗濯ハンガーをキッチンシンクの上に掛けて干せば、水がしたたり落ちても安心です。乾いたら、さくっと折りたたんで、一番出番の多いキッチンのかごに入れて収納。ちなみに愛用中のかごは、初代米とぎざるです。

17

17 野菜の水切りはお手のもの

野菜の水を切ったあと、さらしで水気を拭き取ります。

18 さらしに巻いて名札もつける

ちょっとした野菜の保存にもさらしを使います。よく購入する野菜には輪ゴム＋マスキングテープで「野菜の名札」を。もちろんこれも一度では捨てません。／輪ゴムのアイデア→P.77

18

19 コーヒーも ペーパーレスでおいしく

コーヒードリップ用のフィルターはさらしで代用しています。布目の細かさがコーヒーにちょうどよくおいしくいれることができますよ。これはフォロワーさんに教えてもらいました！

20 ハンディモップもさらしで大丈夫

キッチンで使って汚れが落ちなくなったものを、お掃除用に。ハンディモップの日と、バケツに水を溜めて床を磨く日と分けています（→P.66）。両方さらしが大活躍。

step 1

愛用しているのは、吉野檜のハンディモップ。モップよりもひとまわり大きいサイズのさらしを使います。

step 2

普通のお掃除シートと同じようにセットします。

step 3

使い方は、通常のお掃除シートとまったく同じです。
ただ、使い捨てないから、とってもエシカルなのです。

「専用」という考えを手放す

「専用」や「専属」という言葉って素敵ですよね。とっても惹かれてしまいます。プロフェッショナルな仕事を叶えてくれそうだし、「あっし、不器用なんで……」と言い出しそうな硬派な職人気質が垣間見え、職人気質という言葉に弱い私は、コロッと参ってしまいそうになるのですが、台所道具に関しては、実はそれってすこぉし曲者《くせもの》。

「〇〇専用」ということは、それにしか使えないということ。ということは、その対象になる行為やモノのぶんだけ、専用の道具がいるということ。くるみわりの道具、パイナップルの芯取り、キャベツのせん切り器、ゆで卵のスライサー、野菜の水切り器……。よく使うのならとっても優秀なモノたちなのですが、これらの専用の道具は、結局数回しか使わず、キッチンの奥で埃をかぶっているなんてことも、実はよくある道具たち。

それに、割と気軽に買いやすいお値段だったりするから、「あったら便利かも！」という気持ちにも支配されがち。でも、ちょっと待ってください。それって、本当にその道具じゃないとできないことでしょうか？　家にある他の道具で、その目的は達成できませんか？くるみわりは、金槌やペンチなどでは無理ですか？　実はそれ、包丁一本で叶えられませんか？　ボウルやざるも、みなさんきっと1つはお持ちのはずで、だからこそ、専用の用途だけではもったいない。実はほとんどのことが、頭を使って知恵をフル活用すれば、他の方法が見つかることのほうが多いのです。

まずは、身の回りにあるものの「専用」という枠組みをとっぱらって向き合ってみてください。あなただけの使い方を発見できるかもしれません。

21 ティッシュペーパー＜トイレットペーパー＜さらし

あるとついつい使ってしまうティッシュペーパー。使い捨ての代表格です。そこをちょこっと見直して、洗ってすむ汚れならさらしを。ティッシュペーパーより、100%再生紙であるトイレットペーパーのほうが環境負荷が低い（使っている接着剤もティッシュペーパーのほうが環境負荷が大きい）ので、使い捨てるならトイレットペーパーを使う選択肢を。ティッシュペーパーの消費量を減らすことができます。

専用でないから、自由でラクになった家事

我が家はサラダをよく食べるのですが、
その時の野菜の水切りは「ボウルとざるのペアリング」で叶えます。
それだけではなく、あさりの砂抜きをする場合もざるとボウルを重ねて塩水を入れます。
あさりたちが吐き出した砂が戻りにくいのでおすすめです。

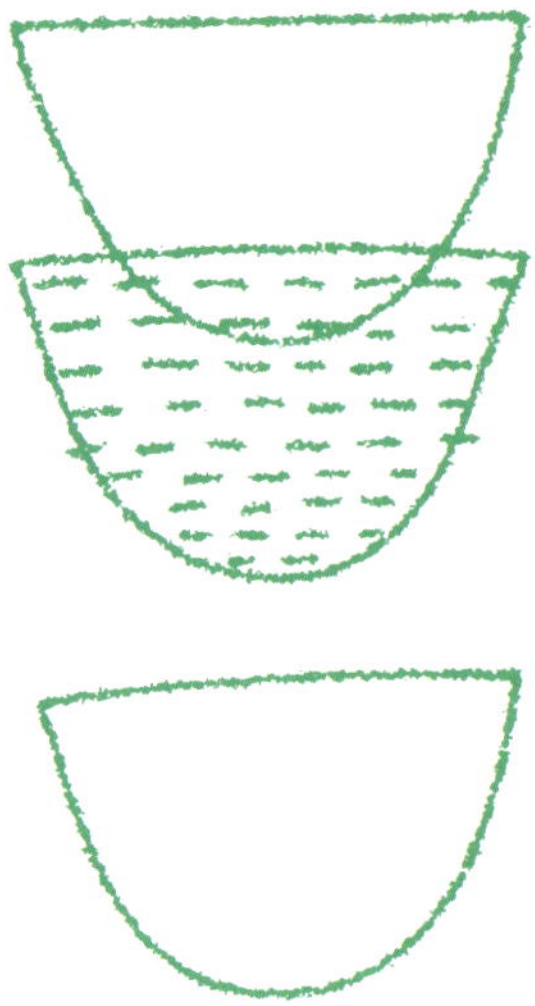

22 ボウルとざるで野菜の水切り

口径がマッチしているとベストですが、多少サイズが合っていなくても何とかなります。カットした野菜をざるに入れて、ボウルでふたをします。ザッザッと数回振り下ろすだけで、水切り完了。ボウルとざるなので清潔が保てておスえ入れも楽。腕の運動にもなるかもしれませんね!

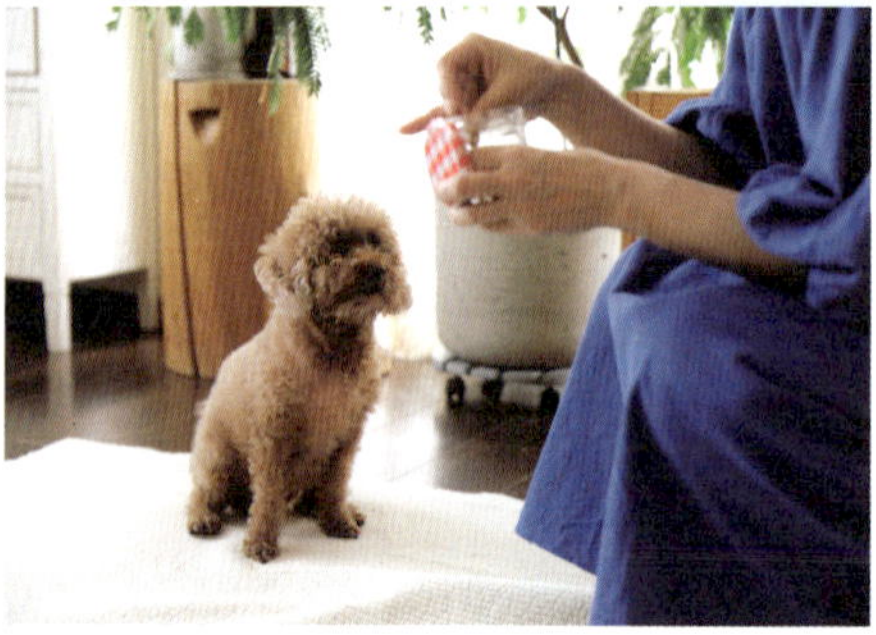

23 愛犬の食事は野田琺瑯の鍋で

我が家の愛犬ジジは、現在12歳。6年前にやってきた保護犬です。ドッグフードは買わず、ご飯はすべて食材のあまりを使った手作り。野田琺瑯のストッカーで、時間のある時に作る→冷蔵庫に保存→食べる前に鍋のまま温める、という流れです。

24 食器はあるもので代用

食事用の皿は使わなくなったグラタン皿を使用。おやつは、ジャムのびんなどに保存しています。ごはんやおやつの時間が何よりの楽しみなジジさんです。

column

ジジのこと

我が家の大切な家族に、元保護犬のジジがいます。ペットショップの繁殖犬だった役目を終え、殺処分対象になったところを保護犬カフェに救われ、出会うことができました。

ジジはトイプードルの中でも、特に人気の高いドワーフ型と言われる種類だそう。ジジは悪質ブリーダーさんからの保護だったようで、はじめはかなりの人間不信でした。6年間、狭いケージから出たことはなく、どうやら暴力も受けていたみたい……。

ジジをお迎えした時、「こりゃ、大変だぞ」と覚悟を決めました。トイレや食事の躾ができていなかったのはもちろんですが、何より、心に大きな傷を負っていましたから。とにかく、私たちは敵じゃないということを知って欲しくて、まいにち一緒に寝て、まいにち話しかけ、まいにち抱っこを繰り返しました。そして数カ月経ったある日、自ら歩いてきて膝の上にちょこんと座ってくれたのです。

「わぁ、通じた！」と感動した瞬間です。それ以来、実は苦手だった子どもたちのことも、本当に心から信頼するように。膝の上にのるのはもちろん、学校から帰宅したら、きちんと「おかえり！」としっぽでお話ししてくれます。

もう12歳のおばあちゃんですが、いつまでも元気でいて欲しいです。

天然素材はまいにち愛でて使い込む

竹ざるを愛用しています。水を切ったりするだけではなく、コンポスト行きの野菜の切れ端などの「ひと休みの場所」でもあります。時には、葉っぱを敷いておむすびランチを愉しんだり、子どもたちのおやつを盛ってテーブルに出したり、畑で採れたての土が着いた野菜たちの居場所だったり、まいにち、どこかで活躍してくれています。

「天然素材は扱いが難しくないですか？」「憧れているけれど、お手入れが難しそうで……」とよく質問をいただくのですが、憧れているのならぜひ手に入れて、大好きなものを日々使って、心愉しい人生を送って欲しいなぁと思います。よく使って、よく乾かして、いつも目につくところに置いていれば、そんなに難しくありません。ですが、天然素材がゆえ、竹ざるが少し黒ずんだり、菜箸の先っぽがまんまるくなったりは仕方のないことです。そんな時の救世主は紙やすり。目が細かい紙やすりをすぐに手に取れる場所に置いておき、気になった時にやすりでやさしく削るようにしています。私は、ざるだけでなく、市場かごやあけびのかごがささくれだった時なども紙やすりを使っています。

25 竹ざるや菜箸のお手入れをやすりで

天然素材のものはお手入れが難しいと思われがちですが、実はそんなことはありません。紙やすりを常備して、黒ずんだりささくれたりしたら削っています。丸まった菜箸もやすりで削って、最後まで使いきります。

使うほど幸せを感じる竹ざるとかご

竹ざるやかごは大好きなモノなので、触っているだけで幸せを感じることができます。まいにち愛でるように使い込んでいると幸せのお釣りがくるというプラス感があるのも嬉しいところです。

26 竹ざるをコンポスト前の置き場に

竹ざるはその日にでたコンポスト行きの子たちの「ひと休みの場所」。この日はみかんの皮の他に、さらしとコンポスト認証のクッキングシートも。土に還るものをポイポイと入れていきます。

27 かごや蒸籠は壁に掛けて収納

かごや蒸籠は仕舞い込まずにフックで引っ掛けて収納しています。これだと通気性も良いので、カビなども生えにくく、いつでも使えて便利です。購入する時は、出来るだけ日本の材料で、日本の生産者さんが手作りしているものを選びます。日本の手仕事を未来に残していきたい気持ちで応援しています。

PURE HONEY
蜂蜜

お米をやさしく受け止めてくれる竹ざるだから、とぐほどにおいしくなる気がします。そして、とぎ汁は捨てずに活用します（→P.52）。

28 蒸籠を使って解凍する

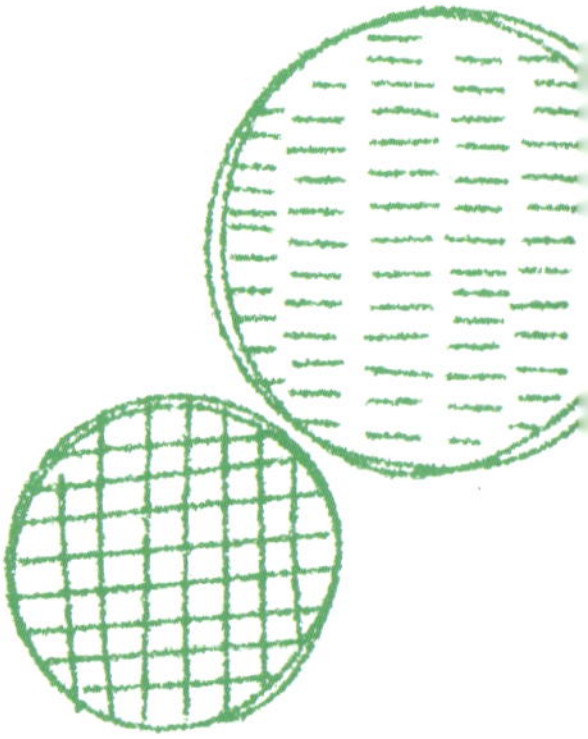

おむすびやパンの解凍は蒸籠で。冷凍したご飯が苦手な家族も、このおむすびを焼きおむすびにしたらパクパク食べてくれます。パンもふっくらと蒸し上がりますよ。

捨てない暮らしはキッチンからはじまる

「捨てる」ってとってもスッキリして、気持ちがいい。整理整頓をして、ゴミ袋を何袋も捨てた時の快感といったら！　でも、ちょっと待ってください。家の扉から出ていったゴミの山は、家から出て行っても地球からなくなるわけではありません。燃やせばゼロになるわけでも、埋め立てたらなくなるわけでもないのです。さらに、燃やすと温室効果ガスが出て地球温暖化の原因に。ゴミの輸送もまた同じです。埋め立て地はもう限界が来ていて、プラゴミを輸出している現状があります。

私は宇宙から地球を見たことはありませんが「地球は青かった」の言葉通りのこの星が、できれば未来永劫残っていて欲しい。この美しい地球をゴミで埋め尽くすというのは、どこかで終わりにしなければいけないのでは？　とも思うのです。

だからこそ、自分たちが手に入れたものには、最後まで責任をとる。そういった態度がどんなものにも必要なのではないでしょうか？　どんなものも、使い切ること。もっと言えば、命をまっとうすること。そんな暮らしのはじまりは、やっぱり台所からなのです。

まずは野菜や果物。そのすべてを使い切りたいのと、山や川や海を守りたいという気持ちから、出来るだけ無農薬やオーガニックを使っています。「フードロス削減」というと少しお堅くなってしまいますが、食べられるのに捨てるのはもったいない！ という感覚を、少し昔の暮らしから学び直すと良いのではないでしょうか？

ピーマンは種を取らずに調理してしまいますし、そもそも野菜のヘタなんて、どこからどこまで？ という感じではありませんか？

そんな想いから、お料理の時に出る皮やヘタは冷凍保存しておき、まとまったらベジブロスという野菜出汁をとっています。私たちの身体を整えてくれる栄養がたくさん詰まった野菜たちのはしっこを捨てるなんてもったいない！ まずは冷凍貯金をしましょう。

野菜の「はしっこ貯金」で豊かな暮らし

ベジブロスは、手作り野菜スープの素というイメージ。
カレーやミネストローネやスープに使うのですが、これがとっても美味しいのです。
調理する時に出る野菜のカケラたちを冷凍するだけなので
（私はこれを「はしっこ貯金」と呼んでいます）、
手間もかかりませんし、貯まったら「はしっこ貯金」をお鍋に放り込み、
ひたひたに水を入れて、弱火でコトコトと煮ます。

29 野菜のはしっこは冷凍ストック

とっておく野菜に決まりはありません。キャベツの芯やしいたけの軸、玉ねぎの皮などはしっかりした濃い味のお出汁が出ます。柑橘類を入れるとさっぱりとした味わいになります。入れる野菜によって少しスープの風味が変化するのも、なんだか実験みたいでエシカルな暮らしを愉しく送るコツかもしれません。

30 味わい豊かなベジブロスを献立に

クリスマスチキンの後の鶏の骨などを野菜のはしっこ貯金と一緒に煮込み、最後に塩とオリーブオイルを加えると、なんとも滋味深いスープが出来上がります。その味わいは、食べるということに感謝せずにはいられなくなる、身体も心も整えてくれる魔法のスープなのです。

31 はしっこ貯金も最後はコンポストへ

ベジブロスをとった後の野菜のはしっこたちは、しっかりと乾かしてからコンポストへ。この土はハーブを育てたり、畑で野菜を育てるのに使ったり。これでまた、土になって暮らしに還って来てくれます。

30

32 お米の研ぎ汁は捨てません

お米の研ぎ汁も捨てずにためておき、油汚れや床や窓を拭くときに使います。魚焼きグリルの水の代わりに入れると、下に落ちた魚の油もすっと取れてくれますよ。食べ終わった食器をつけておくと、汚れも取れて、流す水も少しですむので、とってもエシカル。

33 出汁がら貯金でふりかけ

step 1

お味噌汁やお鍋で使う出汁がらも、ぜひ冷凍貯金しておいてください。栄養たっぷりのふりかけになります。

step 2

昆布やかつお節、いりこなどを細かく刻みます。冷凍しているとパリパリと割れてくれるので、細かく刻みやすくておすすめ。

step 3

お好きな味つけで良いのですが、我が家の鉄板はゴマ油に白ゴマ、醤油とみりんの味つけです。焼き海苔をちぎって入れてみたり、桜エビを入れたり、天かすを入れたり、いろいろなバリエーションが愉しめて、嬉しい一品になります。

34 紅茶や緑茶の出がらしをうがい薬に

紅茶や緑茶の出がらしで、もう一度お茶をいれます。薄いお茶をもう一度愉しんで！　ではなく、これをうがい薬として使います。子どもたちは市販のうがい薬がどうも苦手。殺菌効果のあるこれらをうがい薬として使うことで、出がらしの再利用と風邪予防になるなんて嬉しいですよね。

35 お茶の葉っぱを床に撒いて掃き掃除

我が家のお掃除はほうきがメインです。とっても快適なのですが、難点があるとすれば埃が舞い上がりやすいところ。そんな時は少し湿った茶葉を撒いて、ほうきで集めると埃が立ちにくくておすすめです。紅茶は無垢材だと色移りするかもしれませんので注意してくださいね。

その他、乾燥させてお部屋の消臭剤や茶香炉での焚きつけにも使っています。

36 コーヒーかすも乾燥させてストック。消臭剤に

コーヒーかすは乾燥させてから、瓶のふたの内側などにそのまま置いたり、または瓶に入れてさらしでふたをつけたりして置いておけば、お部屋の消臭剤としても使えます。

37 コーヒーかすでスクラブ

コーヒーかすでスクラブも作れます。乾かしておいたコーヒーかすをココナッツオイルと混ぜるだけ。細かい粒が古くなった角質を落としてくれるので、肌の生まれ変わりを助けてくれます。消臭効果もあるので、足の角質に使っても◎。

海を思いやりながら「洗うこと」を考える

皆さんは、排水溝のその向こう側を想像してみたことはありますか？　現実的に言えば下水処理場。もちろんそれは事実なのですが、少し想像力を働かせ「排水溝の下は海」だと考えてみてください。今、その海の浜辺では大きな海亀が産卵し、やがてその卵から小さな赤ちゃん海亀が誕生します。彼らは、小さくて短い足をパタパタと回転させながら、大海原へ向かっていく。その海は、彼らにとっては命そのものです。泳ぎ、食事をし、時には危険な目にあいながらも、人生（亀生？）を送っていく海。

そんな場所に繋がっているかもしれない排水溝の向こう側を想像すると、日々の暮らしの「洗うこと」も自然と選ぶものが限られてきます。

排水溝の下を海だと想像してみたら、そこに流れ出たとしても魚たちが安心して暮らせるようなものを使いたいなぁと思うのです。

38 天然素材のブラシで洗う

ナイロン製のスポンジは繊維が崩れるとマイクロプラスチック（→P.154）化してしまいます。だからこそ、流れ出たとしても大丈夫なブラシを揃えています。

39 へちまスポンジに変える

食器だけでなく、洗面所やお風呂洗いにもすべてへちまスポンジを使っています。小さく輪切りにすると、石鹸置きとして使えます。

40 粉石鹸を使い倒す

食器洗いにも洗濯にも同じ「粉石鹸」を使っています（→P.99）。合成洗剤ではなく、石鹸を使うことで水質を守ることができるからです。できる限り、海や川を思って暮らしたいですね。

ゴミ箱1つの豊かな暮らし

あなたのおうちには、ゴミ箱が何個ありますか？　多いおうちだと、各部屋に1つずつ。洗面台などにも小さなゴミ箱があって、ゴミの日にはそれらを集めて回る、というのがルーティンという人も多いのではないでしょうか？

一方我が家はゴミ箱が1つしかありません。家の造りはごく一般的で、1階はリビングとキッチンで続きに和室があり、2階は3部屋の個室という間取りです。この家に、小さなラタンのゴミ箱が1階に1つ。ということは、2階で出たゴミはわざわざ1階のゴミ箱に捨てに行かなければいけません。

「えー面倒くさい！」、ですよね。でも、人は面倒くさいことに出遭うと、知恵を働かせてその状況を回避しようとします。残念ながら我が家にドラえもんはいないので、泣きつくこともできません。つまり「ゴミを出さないためにはどうすれば？」と考えるようになるのです。例えば、ゴミ箱が1つしかないのなら、臭いの出るゴミは捨てたくない。だったら、コンポストにチャレンジしてみようかな？　とか。2階で鼻をかんだら、わざわざ捨てに行くのは面倒くさい。だったら、2階のトイレに行ったついでにトイレットペーパーでかんで、一緒に流す。

などなど、無駄のない生活をエシカルな視点で考えることをゲーム感覚で愉しんでみると、愉しくゴミを減らすことができます。

実はこれ、子どもたちに「どうすればいい？」と投げかけてみるのもおすすめ。大人よりも良い方法を見つけることがあります。それは、長男がナイフで鉛筆を削っていた時のこと。要らない学校のプリントで小さなゴミ箱を作っていたんです。それを見て「これだ！」と思わず膝を叩く私。ビニール袋を貰わなくても、日々持って帰ってくる学校のプリントでゴミ箱を作ればいいんだ！　水気を含んだものも適度に水を吸ってくれるので、ゴミを燃やす時の温室効果ガス削減にもなります。それ以来、学校のプリントゴミ箱は我が家の必需品になりました（→P62）。こんな風に、生活していれば、自然と出てしまうゴミは減ります。お買いもののたびに出る食品パッケージなども同じ。近くに計り売りのお店がないのなら、それらをどうするか？　と考えることが、余計なゴミを減らす大切な視点です。

ゴミ箱を減らす＝面倒くさい。面倒くさいから何とかゴミを減らそうと努力する。意識を変えるのが難しいことは、先に行動を変えてみる。そうすると意識が変わることを、たった1つのゴミ箱に教えてもらった気がしています。

ゴミとの豊かなお付き合い

ゴミは昔「くず」と呼ばれていて、ゴミ箱という概念はなかったそうです。
ゴミは明らかに、大量生産の副産物です。
でも、都会に住んでいると、なかなかゼロにするのは難しい。
だからこそ、小さな減らす努力を積み重ねています。

41 ゴミ箱は1つだけ

ゴミの量を減らす魔法は、ゴミ箱を少なく小さくすること。さらには、美しく見ていて嬉しいものにすることも大切。我が家のゴミ箱はゴミ箱らしからぬ風情が大好きです。

42 卵のパッケージはリサイクル時々苗床

アニマルウェルフェア（※）と環境の問題から、卵の消費を徐々に減らしています。購入する時は紙パッケージ、平飼い、有機飼料のものを。そしてパッケージはリサイクルとして店に戻すか、家で再利用します。

※アニマルウェルフェア＝家畜のストレスをなくし、健康的な暮らしができるようにする飼育のあり方。

43 食品パッケージも ただでは捨てない

マイ容器を持って計り売りで買う。が理想ですが、ご近所に個人商店がないため食品パッケージは悩みの種。ゴミ袋にしたり、チャック付きのものは保存袋として再利用したりと、すぐには捨てない工夫をしています。

44 学校プリントの ゴミ箱

3兄妹の我が家は、学校のプリントもたくさん。そこで思いついたのは、新聞ゴミ箱ならぬ学校プリントのゴミ箱です。定位置はキッチンシンク横の琺瑯容器の中。生ゴミなどを入れています。

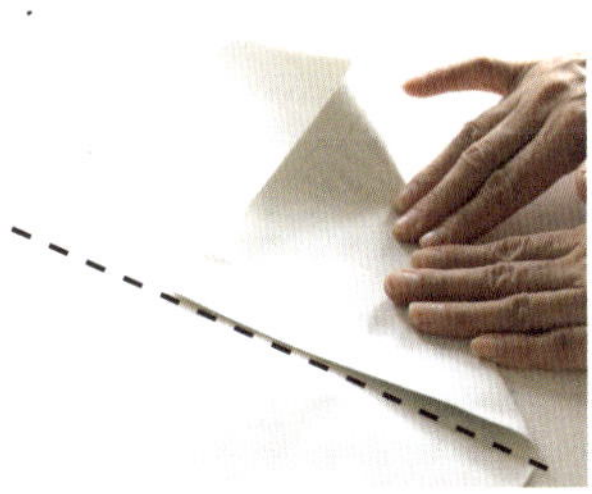

1　プリントを2枚重ねて真ん中に筋をつけ、両角を三角に折ります。

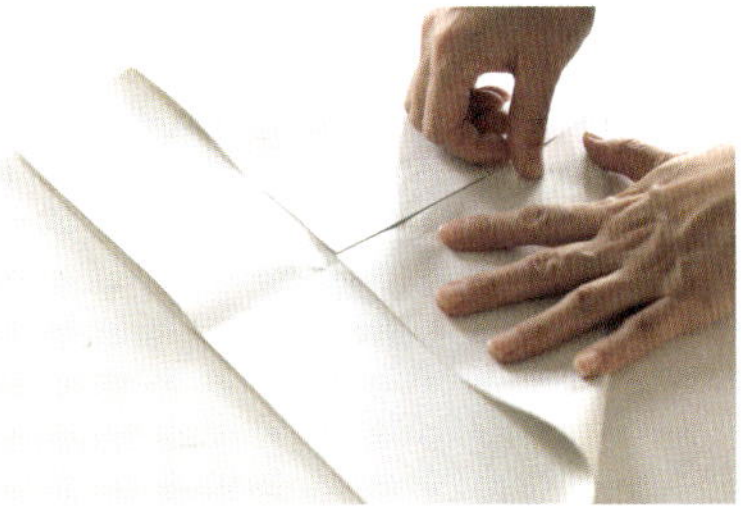

2　反対側も同様に。

3　くるりと回して天地を逆にし、下側の手前の上1枚を外側に一折りします。

4　ひっくり返して、両端を真ん中の折り筋に向かって折ります。

5　反対側も同様に。

6　3で残した下側を折り上げます。

7　上の三角を折り下げてゴミ箱の底にします。★側から広げると自立するゴミ箱に。

ゴミ箱の折り方はYouTubeで調べて、学校のプリントに応用しました。2枚重ねて折ると、強度が強くなっておすすめです。

エシカルな掃除道具図鑑

おうちの中は、出来るだけ気持ちの良い状態と景色を作りたいと思っています。
でも、お掃除ってやっぱりちょこっと面倒くさい。
ここでラクを追求してしまうと、お掃除自体を好きになれない気がしたので、
掃除道具を、美しく、かつエシカルなもので揃えてみたら、
前よりもぐんとお掃除が嬉しい時間に。
ここでは、我が家の愛しい掃除道具たちをご紹介します。

45 ほうきとはりみで掃き掃除

このセットは、我が家のまいにちのお掃除に欠かせないもの。ほうきは棕櫚《しゅろ》で、床をはくたびに艶を与えてくれるそう。はりみは和紙を張り合わせたもので、軽い上に丈夫です。これなら、年齢を重ねても簡単に掃除ができそうです。

46 豆バケツとさらしで拭き掃除

大きなバケツはどうしても邪魔になってしまいますが、これくらいのバケツなら家の中の持ち運びも簡単。古くなった台所用のさらしを雑巾として使っています。

47 吉野檜のフローリングモップで拭き掃除

床拭きが面倒くさいなぁと思うときは、こちらのフローリングモップに頼っています。ここで使うのも、使い捨てシートではなくさらし（→P.35）。

48 羊毛ダスターで埃払い

埃を払うのに使っています。こちらの羊毛は、ミュールジング（羊の臀部を無麻酔で切り取ること）を禁止しているニュージーランドの羊から採れたもの。

49 プラスチックフリーのブラシでトイレ掃除

暮らしの中から出るプラスチックの量を出来るだけ減らすように努力しています。そんな中で出会ったmirawingsさんのトイレブラシ。見た目も使い心地もパーフェクトです。ですが、実は新品はまず台所でジャグ洗いなどに使い（→P.57）、古くなったらトイレに回します。

Chapter 2

エシカルライフは愉しい

大好きな日本の道具に入れたら、コンポスト行きの野菜クズだってなんだか可愛く見えて嬉しい。難しいことや面倒くさいことは続かないからこそ、エシカルは愉しく！　が基本です。

「はぁ……また、私ばっかり」の家しごと。
私も昔はそんなふうに思っていましたっけ。
でもね、エシカルライフをはじめてみたら、
心の矢印が上向きに。
そう、エシカルライフはとっても愉しいのです。
それも人生がぐるりと変化するほどに。
エシカルに暮らすことが、なんとなくわかってくると
「ちょっと、愉しいかも！」と思えてきませんか？
この章では、もっともっとエシカルな暮らしを
愉しめるアイデアをたくさん集めてみました。
ぜひみなさんも「エシカリスト」（エシカルに生きる人
という意味の造語です）の仲間入りを！

家しごとをもっとエシカルに

実は「家しごと（＝家事）」って大嫌いでした。そんな私が、暮らしの本を書かせていただくなんて！　昔の私を知る人たちは、きっと、驚いて腰を抜かすことでしょう。

だって、家のことって面倒くさいじゃないですか。

まいにちのご飯作り、掃除、洗濯。言葉にしてしまえばこんなものなのですが、家事は名前のつかないものもあります。例えば、洗剤の詰め替えとか、掃除のなかにひとくくりにされがちだけれど、使った道具をしまうとか、雑巾を干すとか……。食事作りだって、献立を考え、栄養面を考え、予算を考え、買いものに行く。後片づけをし、洗った器を定位置におさめ、また翌日は同じことの繰り返し。こんな重労働を、家族の中で誰かが担わなければいけないのです。正直に言います。私にとっては会社勤めのほうがラクでした。会社の仕事には終わりがあって、誰かが認めてくれて、感謝もされてお給料までいただけるのに、家事はやって当然。

こんな大変なこと、誰がやるのよ？　とずーっとずーっと思っていました。エシカルな暮らしに出会うまでは。食べものを変え、掃除の仕方を変え、ゴミが出ない工夫をし、暮らしの中を循環させることを意識して過ごすうちに、いつの間にか家しごとに「るん♪」と向き合えるように。それはきっと「家しごと」が義務じゃなくなった瞬間だったのだと思います。それまで私は「家しごとのその先」を考えたことがありませんでした。

口にする食べものは、どんなふうに作られたものだろう？　排水溝に流れる洗剤は、どんな影響があるのだろう？　ゴミ収集車の先なんて考えたこともなく、プラスチックが１００年も地球に残るなんて考えたこともありませんでした。

それらの実態を知ったとき「あ、こりゃ、いかん」と、進む方向をスイッチし、人生の羅針盤をエシカル方向に定めた時、人生がカチリと音を立てて変化しはじめるのを感じました。私にとっての「家しごと」が義務から使命に変わったのです。

一つ一つのモノやコトと向き合い、納得の行くものだけ買う。というスタイルにしてから、嬉しい変化もおきました。天然素材で暮らしを整えると、家の景色が変わります。その佇まいは美しく、なんと言っても目が喜ぶのです。ぎゅっと絞ったへちまスポンジに、今日もよろしく！　と伝え、野菜を載せたざるには今日もありがとう！　と伝え、皮や種まで役に立ってくれた野菜や果物には手を合わせるような気持ちになります。そんな我が家をちょっと覗いてみてください。

冷蔵庫からはじめるお片づけ

皆さんはお片づけって得意ですか？　実は私、大の苦手だったんです。でも、収納特集なんかを見るのは大好きで、感化されては「あーでもない、こーでもない」と工夫するのですが、いつだってすぐに元通り。

「あー私は収納ができないのね」と落ち込んだりもしましたっけ。それは冷蔵庫も同じで、奥に仕舞い込まれた食品を死蔵《しぞう》させるなんて、日常茶飯事。干からびたにんじんを葬った過去は数えきれず。もはや「元の姿がお懐かしや……」と、得体の知れない食品をいくつも作り出しては、ゴミ箱にポイっと捨てる日々。もう、本当に、食品お化けともったいない婆さんに夜道で襲われても、まったく文句を言えないような恥ずかしい過去を持っております。

でも、エシカルな暮らしをはじめて「これではいかん！　フードロスのオンパレードやん！」と一念発起し、冷蔵庫をしっかりと管理しはじめました。

基本的には、2日で消費できるものしか冷蔵庫に入れないという基本ルールを決め、食品たちの見える化キャンペーン（1人でやってたのですが）の強化。これには前章で紹介したガラスの保存容器が大活躍でした。これだけでフードロスがなくなり、自分でも驚いたほど。でも、嬉しい変化はそれだけではありませんでした。

なんと、家の中のお片づけまで得意になっていたのです。見渡して自分で把握できるぶんだけしか収めない冷蔵庫は、そのまま家のお片づけにも応用できました。今までの私のお片づけとは、ズバリ「ものの移動」をしていただけだったのです。これでは、いつまでたっても片づくはずがありませんよね。だって、定数は同じなのですから。

まさかまさか、フードロスを考えた末に辿《たど》り着いた冷蔵庫のお片づりが、暮らしを片づける着火剤になるなんて思いもしませんでした。でも、冷蔵庫という小さなスペースから取り組んだことで自信がついたのかも知れません。もし、私のようにお片づけが苦手な方がいらっしゃれば、冷蔵庫のお片づけからはじめてみるとうまく行くかも知れません。

エシカルなお片づけで、もっと使いやすい台所に

エシカルなお片づけで大切なのは、シンデレラフィットを目指さないこと。どこに何があるかわかっていて、それが美しければ目にもお財布にも嬉しい。

50 食品の見える化でフードロスを削減

保存した食品はみそや梅干しなどの保存食を除き、すべて2日で消費するのがルール。ガラスの保存容器を使うことで、食品たちを見える化したら、無理せずクリアできるようになりました。

51 梱包材の紙を再利用

ネットショップでものを買うと、段ボールの中にたくさんの紙の梱包材が入っています。これを畳んでかごの中に収納しています。小さくちぎって、食器洗いの際、油汚れを拭き取ったり、お鍋やフライパンの拭き取りに使用しています。

52 カトラリーもプラフリーで

木製のお箸の入れものは毎回このまま食卓まで運びます。その隣には、欠けたコップでカトラリー収納。こうすると、ものを捨てずにスペースの無駄遣いを防げて、一石二鳥。

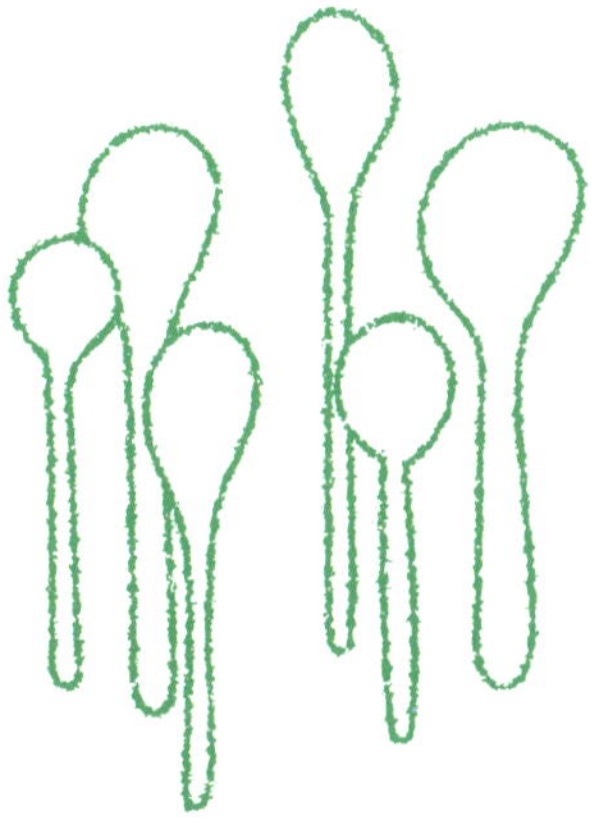

51

50

53 お米コーナーは セットで収納

1カ月に30キロ以上のお米を食べる我が家のお米コーナー。ストックと右上に掛けてあるのが米とぎざるです。写真では見えませんが、棚には土鍋が揃えて置いてあり、誰でもすぐにお米が炊けるようにしています。

54 調味料は琺瑯の バットでお片づけ

調味料をしまっている棚はどうしても汚れてしまいがち。つい、紙などを敷きたくなってしまうけれどゴミが出てしまいます。角型琺瑯のバットを敷けば、汚れたら洗って何度でも使えます。

55 消耗品は土に還るものを選ぶ

出来るだけ消耗品を控えたいけれど、使うならきちんとしたものを。ということで、お菓子作りなどに使うことのあるクッキングシートは、コンポスト認証を得ているイフユーケアのものを。ゴミ袋もコンポストに入れて分解されるアースフレンドリーのものを常備しています。

56 よく買う野菜には名札を用意

さらしやミツロウラップで巻いてしまうと、中身が見えずなんだったか忘れがち。そんなときは名札が便利。マスキングテープと輪ゴムで作った名札なら何度でも使えます。

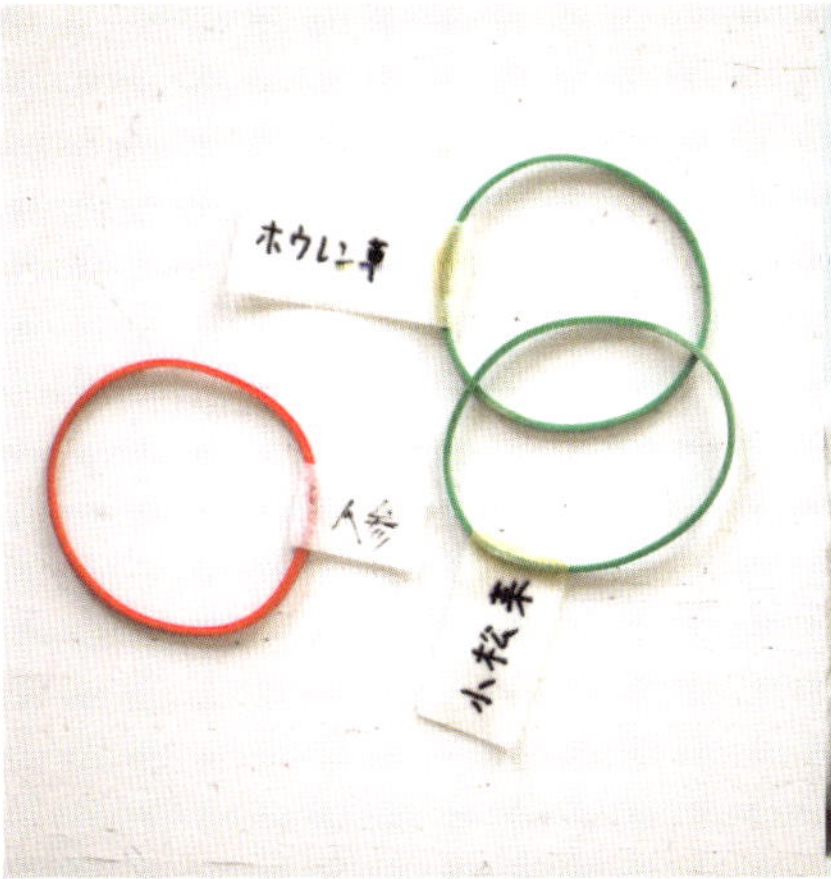

ゴミステーションも きちんとお片づけ

ゴミを美しく扱える人でありたいなぁと思っています。
そして、子どもたちにはゴミを捨てる人ではなく、
拾う人になってほしいなぁとも。
だからこそ、ゴミ捨て場ではなく「ゴミステーション」と名づけることで
あくまで一時停止場所だと意識したい。そんな思いで、ゴミもきちんとお片づけ。

57 一目でわかる ゴミステーション

暮らしの中で出しているゴミの量を把握するために、ゴミも見える化しています。ネットショップの利用を最小限にしたくて、段ボールも見える化。

58 プラスチックトレーの水切りは観葉植物を使って

上に吊るしている網状のバッグの下に観葉植物を置いて、自然に水切りできるようにしています。でも、きちんと乾かしたいものは、こんなふうに置くことも。

59 ゴミを減らす工夫の バッグ隊

左から、リサイクルに出す容器のバッグ、使い古しのウェスバッグ、お買いものの小さなビニール袋をもらわないためのジュード袋を入れるバッグ。

ジュード袋は野菜入れに。

58

57
プラスチックトレー
段ボール
ゴミ箱
MOTOMACHI
union

59
ジュード袋入れ
ウエス入れ
MOTOMACHI
union
PRODUCE
TOP QUALITY MEAT
FRESH FISH
DELICATESSEN
GROCERIES
WINE & LIQUO
DAILY FOODS
CONFECTIONERIE
NEW LIFE COSMET
HOUSE HOLD GOO

捨てない柑橘仕事

「あれ？　もうない！」

山盛りいっぱいのかごにあったみかんが、いつの間にか姿を消しています。これは我が家の冬の風物詩。無農薬のみかんが大人気で、争奪戦が繰り広げられるのです。そこでいつも気になっていたのがみかんの皮。コンポストに入れても、冬は分解が遅くいつまでも残っているし、蛇口などを擦《こす》って綺麗にしても、消費はたかが知れています。水で煮出すと、油汚れをしっかり落としてくれる液体になりますが、日持ちがしないのが難点でした。

こんなとき、便利なのが「干す」ことです。干すと小さくなり、日持ちもします。たくさんいただいた大根や余った椎茸なども干して料理に使ったりするのですが、また違った食感と味で、とっても美味しいですし、何より保存に便利なのです。冷蔵庫がない時代の暮らしの知恵、恐るべし！

そこでみかんの皮も干して、カラカラになったら透明の瓶にみかんの皮を貯金していくことに。まだ、何に使うか考えていなかったのですが、まぁ、お風呂に入れたりすればいっか！　と思いながら、手作りチンキなどの棚に置いた時

「あ！！！」と閃《ひらめ》きました。

「アルコール漬けにすれば、油汚れに強いみかん洗剤ができるんじゃない？」と。これが大正解！　水で煮出しただけなら日持ちはしませんが、アルコールで作ったものなら水で薄めて消臭スプレーなんかも作れます（動物には有害なこともあるようなので注意してくださいね！）。これだと油汚れ用の洗剤を、わざわざ買う必要がありません。みかんの皮って素晴らしい！

ゆずがたくさん手に入った時も、隅々まで使い切っています。ゆずを使ってポン酢を作り冷凍。その皮でマーマレードやピールを作り保存しておきます。マーマレードはパンやヨーグルトに。ピールはバターケーキやパウンドケーキに使います。チョコレートをかけて、スイーツにするのもおすすめ。そしてそして、種も捨ててはいけません。こちらを焼酎や日本酒、またはウォッカなどに漬けておくと、トロッとした液体が出てきます。これを精製水で薄めて手作りのお化粧水を。

ね？　すごいでしょう？　柑橘類って。みかんやゆずじゃなくても、他の柑橘類でもできるので、たくさん手に入った時にはぜひお試しください。寒〜い冬に登場する柑橘類。無駄がなく役立つなんてすごいですよね。自然が作り出すものって本当に無駄がない。こんな瞬間が、なんとも幸せです。

一年中使える、みかんの皮のアルコール漬け

みかんの皮を干して、アルコール(無水エタノール)に漬けておくだけ。油汚れやステンレスの汚れや電子レンジなどに使えます。干したみかんの皮を燃やすと、蚊除けにもなりますよ。

60 みかんの皮でお掃除用洗剤

干してカラカラになったみかんの皮を瓶に貯金しておきます。みかんの皮にかぶるくらい無水エタノールを注いでください。1週間後から使えます。

→P.84

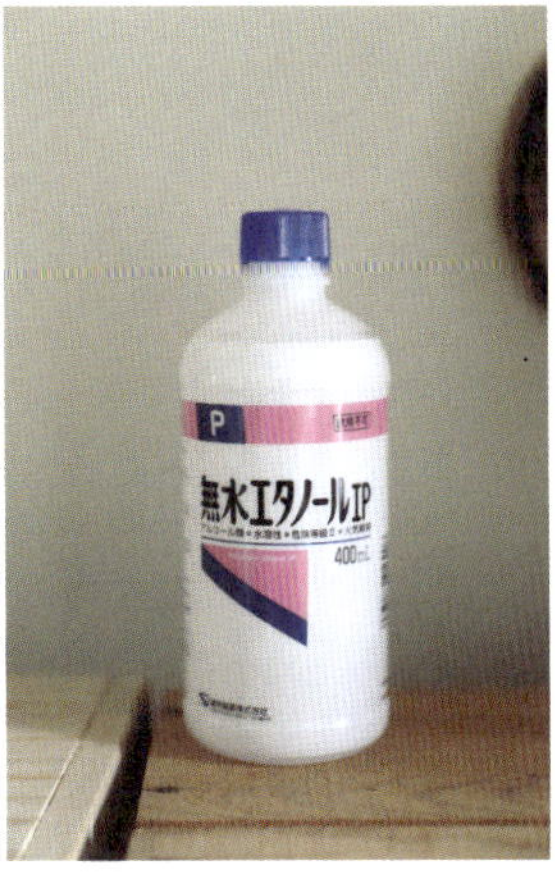
P
無水エタノールIP
400mL

汚れを拭く時に、直接布につけて使います。油汚れもすっきり洗浄してくれて、環境にも手にもやさしい。

61 水で薄めて消臭スプレーに

みかん洗剤1対水6で希釈したらトイレやペットまわりの消臭スプレーにも使えます。消臭効果はもちろん、柑橘系のさわやかな香りに癒されます。

ゆずは最後の最後まで

冬になると、ゆず仕事にワクワクしています。
手に入るとまず、クンクンと鼻を寄せては幸せのお裾分けを。
絞ったり、刻んだり、煮込んだり……。最後の種まで嬉しいゆず仕事。

62 ゆずの皮は下ごしらえと同時にゆでこぼし汁を

左上／ゆず果汁でポン酢を作ったり、ドレッシングを作ったりしたら、ゆずの皮は細く刻みます。一気に仕事をしたい人は、ゆずの皮が出た時に冷凍しておくのがおすすめ。

下･左下／鍋にゆずの皮を入れて水をひたひたに注ぎます。柑橘類の皮から苦味を抜く行程なので、そのまま水から煮出してざるにあげることを3回ほど繰り返します。この時の汁をボウルなどにゆでこぼして捨てないようにします。→P.90

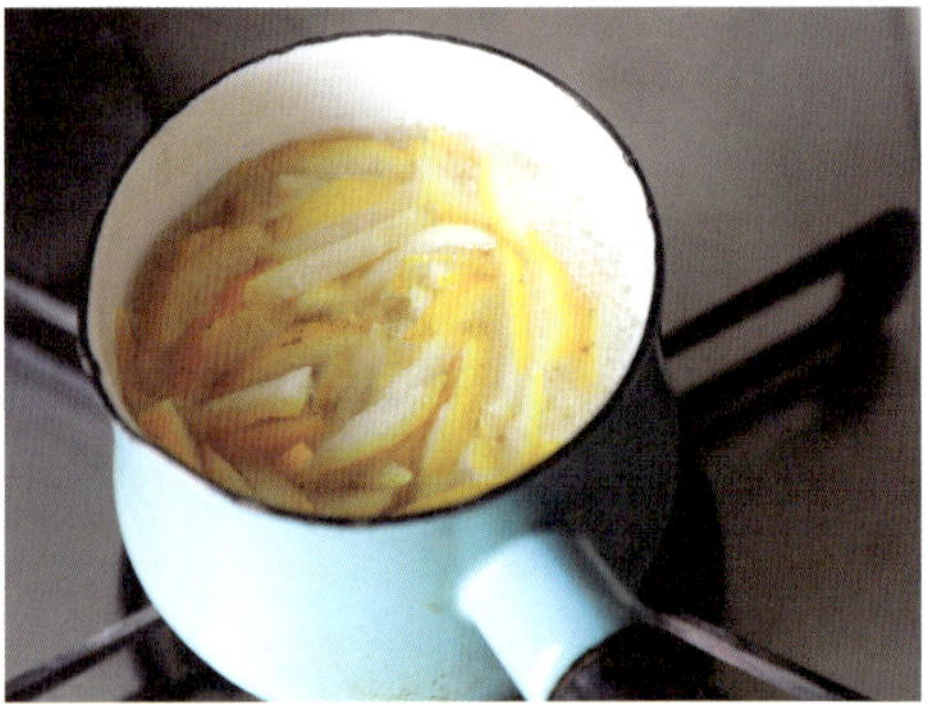

3～4個ぶんのゆずの皮をミルクパンに入れてゆでます。この小さな鍋に入るくらいの分量が作りやすいです。

63 皮はマーマレードやゆずピールに

煮出した皮を砂糖で煮ればマーマレードになります。また煮溶かした砂糖に絡め、パラパラとグラニュー糖をふればゆずピールに。紅茶やコーヒーにぴったりのおやつになります。

64 ゆでこぼし汁でできるすごいこと

ゆでこぼした汁は、いらなくなった布に含ませてキッチンまわりの拭き掃除に使います。特に油汚れに効果絶大なので、この機にサボりまくった換気扇フィルターをはじめ、ガス台まわりを重点的に。左ページの写真を見ていただければ一目瞭然ですが、換気扇フィルターも一度でこの通り！　冷蔵庫で1週間くらいしか持たないので、使い切れなかったら冷凍保存しても良いでしょう。

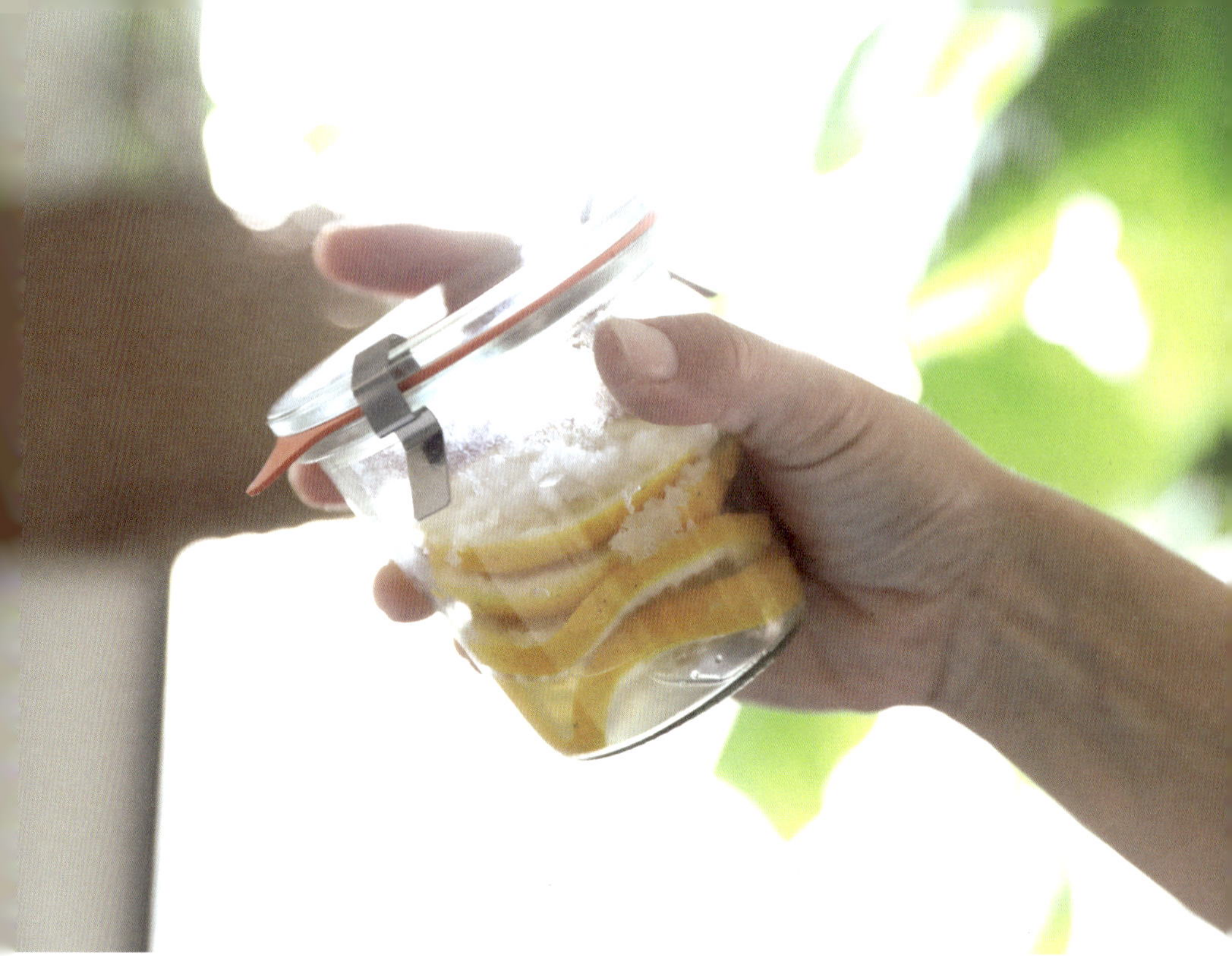

65 ゆず塩を作る

ゆずを皮ごと輪切りにし、清潔な瓶の中に塩と交互に重ねます。3日目から使えて、冷蔵保存で2週間以上持ちます。みじん切りにして、鶏肉を漬け込み「ゆず鶏しお」に。ラーメンやうどんのスープにもおすすめです。

66 ゆずの種で化粧水

種も捨てません。ゆずの種をウォッカに漬け込み、化粧水の素を作ります。アルコール度数の高いものなら、日本酒や焼酎でも大丈夫です。

保存瓶に入れて3日くらい置くととろみのある液体になるので、それを精製水で薄めれば化粧水になります。濃度はお好みで調節してみてください。

食べられる重曹とクエン酸で「見えない家事」を手放す

重曹とクエン酸。環境にやさしいお掃除には欠かせない存在です。実はこの重曹とクエン酸が環境にやさしい所以《ゆえん》は、元々食品として使われていたから。重曹はパンなどのふくらし粉として、クエン酸は梅干しやレモンに含まれる「酸っぱさ」の正体です。ですが、一般的にドラッグストアなどで手に入るのはお掃除用のもの。

我が家で使っているのは「食べられる重曹」と「食べられるクエン酸」です。というのも、そのほうが断然面倒くさくないから。例えば、台所でお料理をしながら、ちょっと重曹を出して……ということもあります。そんな時「食べられる重曹」なら、少しくらいお料理に飛び散っても大丈夫。重曹は油汚れや茶渋を落とす他にも、たけのこや春の山菜などのアク抜きに使えますし、食べられるクエン酸と合わせて炭酸水を作ることもできます。クエン酸はお掃除はもちろん、リンスを作ったり、衣類を柔らかく保つ柔軟剤として使ったり、本当に頼もしい存在です。

それに「食べられる重曹」や「食べられるクエン酸」を大袋で買うことで、小さな袋をちょこちょこ買うよりもゴミも少なくてすみます。我が家では2カ月に1度、ネットでまとめ買いをし、備考欄に「ゴミの削減をしています。緩衝材はなしか、古紙でお願いします」とのメッセージを入れ、配送と包装の無駄を最小限に抑えられるように工夫しています。

さらに「食べられる」を基準に購入することで、保存に使った瓶などをその後再利用することもでき、保存容器を分けることから解放されます。実はこの「分ける」ということから解放されると暮らしが格段にラクになります。

「分ける」ということはそこに「管理」という行為が発生します。実はこの「管理」という家しごとが目に見えない家事で、名もなき家事だと言われているような気がします。例えば、掃除機の管理は、それを使って収納するだけでなく不具合が起きた時、故障した時、ゴミが詰まった時、次の買い替え、までがトータルなのですが、購入する時にはこの部分は意外に見えなくて、スルーされがち。

実は、この「食べられる重曹・クエン酸」にすることで、掃除と食用の区別がなくなったのをきっかけに、両方に使用できるから「管理」から解放されていることに気付かされました。そこから、自分のエネルギーの多くをこの「管理」に使っていることが判明。「家事の無駄」=「ものの管理」なのでは？　と思い至り、買わない暮らし・持たない暮らしに辿り着いたのです。

これさえあれば。エシカリストの理科図鑑

調べてみると、家中の汚れは、石鹸、重曹、クエン酸、酸素系漂白剤さえあれば、ほとんど解決するとわかりました。ここにご紹介するのは、かなり使える！という一石二鳥以上のエシカルグッズです。

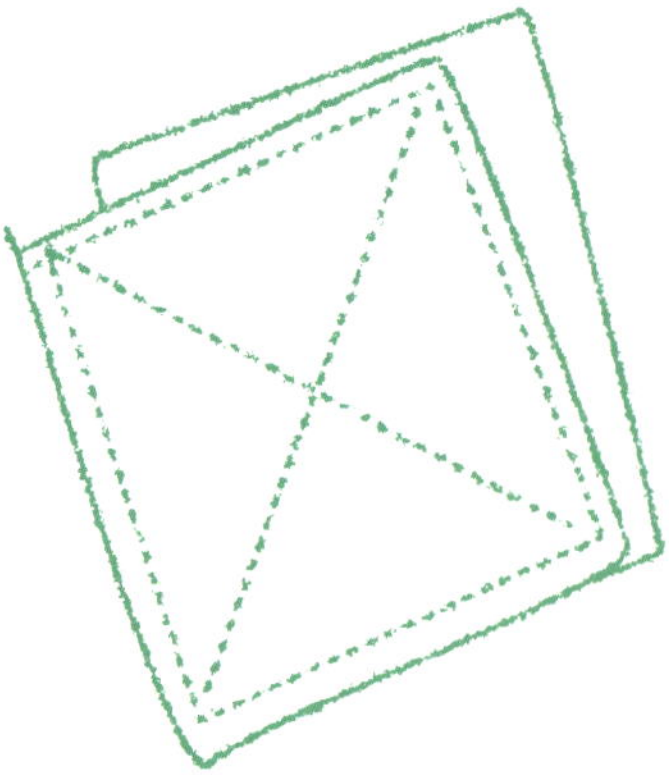

67 キッチンに理科室のようなコーナーを

重曹やクエン酸、粉石鹸、酸素系漂白剤などよく使うものはキッチンに置いています。右のレトロなかごは手作りコスメの材料関係をひとまとめにしたもの。P.100で中身をお見せしています。

68 食べられる重曹で歯磨き粉

食べられる重曹とホワイトクレイ、ココナッツオイルをガラス容器に入れて混ぜ合わせれば歯磨き粉になります。ゴミの出ない歯磨き粉は暮らしを軽やかにしてくれます。

69 食べられる重曹を家中のお掃除に

さらに、油汚れや浴槽の汚れに強いので、台所、洗面所、風呂場で大活躍。お風呂では入浴剤代わりに入れて温泉気分を味わったら、そのままさっとお掃除して流します。排水溝の臭いも消えて、一石二鳥、いえ三鳥です。ヘルシーカンパニーというメーカーのものを使っています。

70 アルコールや チンキを薄める精製水

精製水とグリセリンを混ぜて化粧水を作ったり、チンキを薄めて虫除けスプレーにしたり、アルコールと混ぜて除菌スプレーを作ったり。手作り暮らしには欠かせないお水。蒸留や濾過などで、水道水から不純物やミネラルを取り除いたお水のこと。薬局で購入できます。

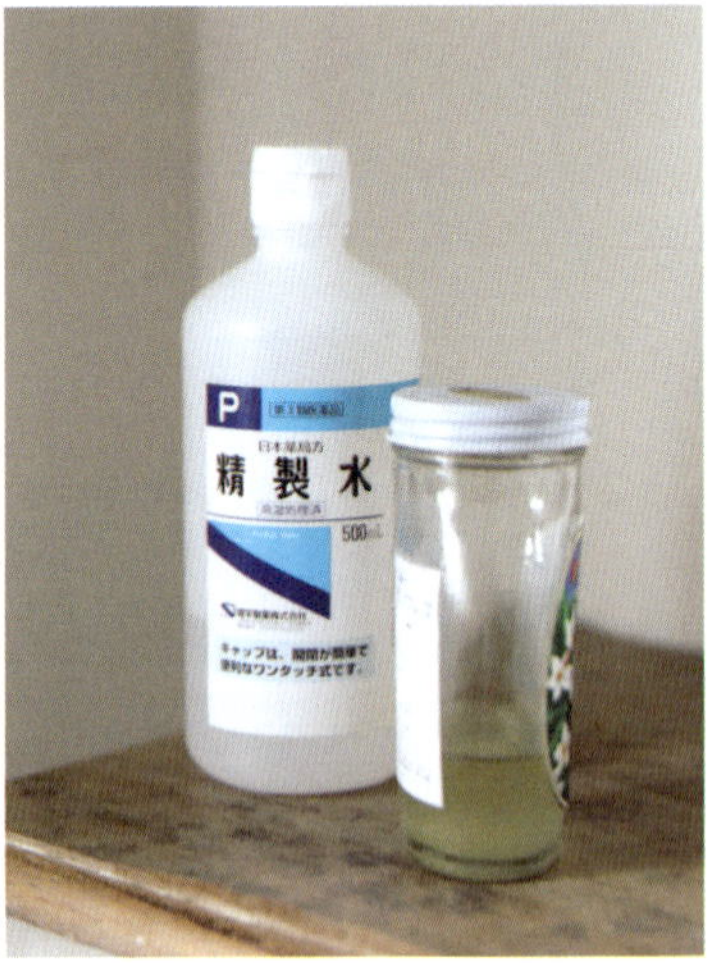

71 りんご酢で 水垢もきれいに!

石鹸を使った洗濯の柔軟剤に使ったり、石鹸で洗った後の髪にリンスとして使ったり、キッチンの水垢を落としたりと実は大活躍のりんご酢。匂いが気になる方は、薄めて使うのがおすすめです。白ワインビネガーも同じように使えます。

72 さっぱり、すっきり クエン酸 (P.24)

重曹と同じように食品基準のものを使っています。こちらも重曹と同じメーカーさんで、大袋を買って詰め替えています。

74 安心して使える無水エタノール（P.82、124）

みかん洗剤を作ったり、何かを漬け込んだり、はたまたアルコールスプレーを作ったり、森のディフューザーを作ったりと、何かにつけて活躍してくれます。近くの薬局さんで手に入ります。

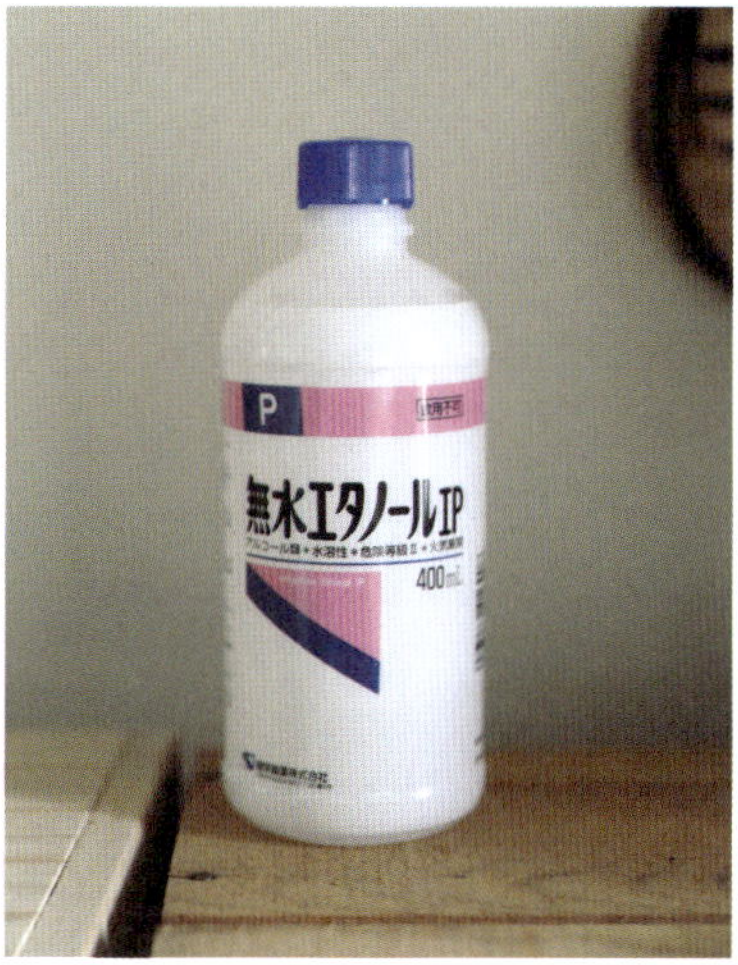

73 強い汚れに酸素系漂白剤

洋服の漂白、野球のユニフォームの汚れ、水筒の除菌洗浄、洗濯槽の洗浄、様々な汚れに役立ってくれる酸素系漂白剤。楽天やアマゾンの検索欄に「酸素系漂白剤 大袋」と入力して探してみてください。

75 洗濯にも食器洗いにも粉石鹸（P.57、115）

「シャボン玉石けん」の粉タイプを使っています。食器洗いもこれですませているほどのお気に入り。石鹸カスが気になる人は、仕上げにクエン酸をプラスすると、石鹸カスを剥がしてくれるのでおすすめです。また、冬の寒い時には溶けにくいので、事前にお湯で溶かしてから洗濯機に投入するなどの工夫も。どうしても気になる方は、液体石鹸洗剤なども出ていますので、暮らしに合わせて選んでくださいね。

❽**無水エタノール**
手作りの消毒液やみかん洗剤作りに（→P.82）。

❾**オーガニックミツロウ**
ミツロウラップや、手作りのバーム作りに（→P.101）。

❶**ココナッツオイル**
歯磨き粉（→P.97）や制汗剤、スクラブ（→P.55）作りに。

❷**グリセリン**
精製水に混ぜるだけで化粧水を作れる優れもの。

❸**キャリアオイル**
お肌の状態に合わせて、ホホバオイルやアルガンオイルを（→P.101）。

❹**ミツロウラップを作るセット**
FSC認証のクッキングシート（→P.77）と新聞紙。何度も使います。

❺**ドライのラベンダー**
防虫対策やリンス作り、洗濯用の柔軟剤（→P.114）に欠かせません。

❻**オーガニッククローブ**
G対策に欠かせないハーブ（→P.124）。

❼**精製水**
手作り化粧水に。

76 手作り材料セットは1つの場所に保存

手作りコスメなどは無添加なので、少量ずつ作って早めに使い切るのがポイントです。私はアンティークのバスケットに道具や材料をセットして、台所に置いています。これなら夕食の支度をしながらでも作れます。手作りは「面倒くさくない」ようにすることが長く続けるコツです。

みつばちに支えられるエシカルな暮らし

我が家の暮らしは「ミツロウ」の恩恵を受けています。
みつばちたちに感謝しながら作るクリームとエシカルなラップ。
とっても簡単なので真似っこしてみてくださいね。

77 ミツロウとオイルで簡単なクリーム

ミツロウとアルガンオイルやホホバオイルなどお好みのオイルを合わせて、顔にも髪にも使えるクリームを作っています。一度に大量に作らずに小さな容器で少量作って、用途別に好みの硬さを見つけてみてください。

ミツロウ数粒とオイルを小さなガラス容器に入れ、湯煎にかけてミツロウが溶ければ完成です。

ミツロウの割合を増やすと、硬めのリップクリームになります。

78 さらしで作るミツロウラップ

私の暮らしに欠かせないさらしに、ミツロウをプラスしてミツロウラップを作っています。作り方はとっても簡単で、メンテナンスも自分でできるのでぜひ。

step 1

ラップにしたい布の上にミツロウを置きます。

step 2

クッキングシートをのせ、上からアイロンを押し当てます。ミツロウを溶かすイメージで。

step 3

ミツロウがついていないところや足りていないところがあれば、そこにミツロウを追加して、**1**、**2**をくり返します。まんべんなくミツロウがつけば完成です。

79 ラップの代わりに器に掛けて密閉

さらしのミツロウラップは本当におすすめ。これに保存容器があれば、ポリ製のラップはいっさい使わずに暮らせます。手で温めると思い通りの形になってくれるので、どんな形の器でも密閉できます。何度も繰り返し使えるのが嬉しいですね。

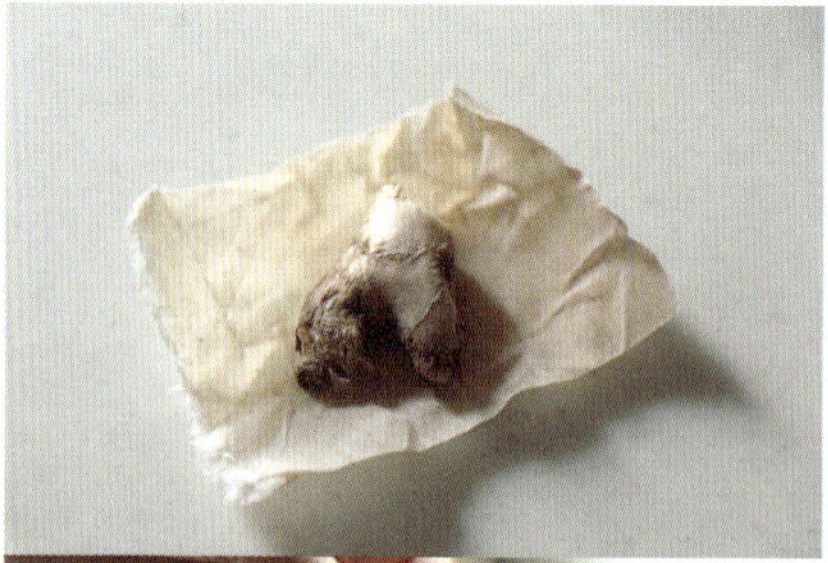

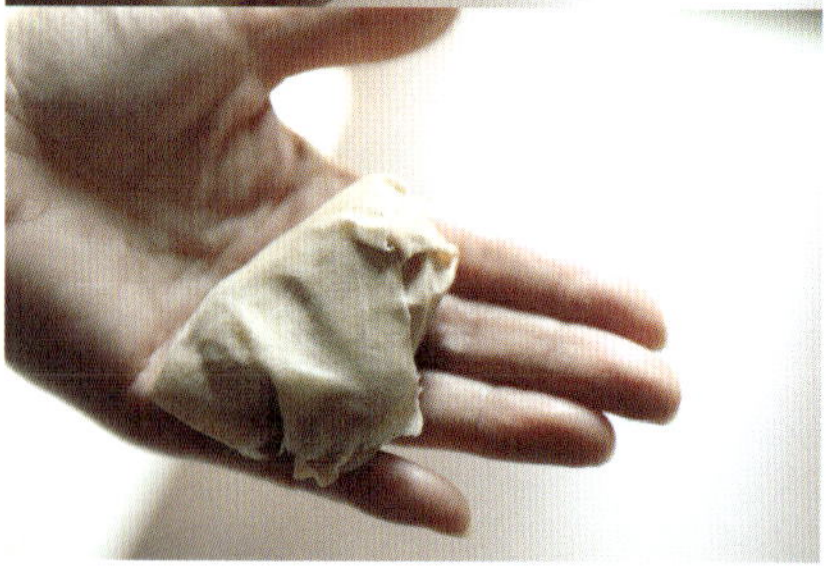

80 ラップの代わりに食品を包んで保存

使いかけの生姜などもミツロウラップで保存しています。手の温度に反応してくれるところが、なんだかほっこりする瞬間です。ミツロウには抗菌効果があるので中の食品も守ってくれます。

81 メンテナンスしながらくり返し使う

汚れたら、さっと水洗いすればOKです。使い込んでいくとだんだん硬さがなくなってくるので、追いミツロウを。再び、P.103の1〜3を行います。

100年使いたい。エシカルな台所の道具図鑑

暮らしの中にある美しい道具たちが好きです。
使い勝手良く、見た目に心地良く、
心の底から愛おしいと思えるもの。
この基準で選んでいたら、いつの間にか
長くエシカルなモノたちが集まりました。

82 用途に合わせて揃えた天然ブラシ

左から順番に

①フードジャーやスープジャーなど、手が入りにくいモノの丸くなっている底の部分などを洗うのに最適。

②コーヒーミルの掃除に。

③細いブラシは、ノズルやストロー洗い用。

④根菜類を洗う専用。

⑤水筒やジャグを洗うボトルブラシ。汚れたらトイレブラシに。→P.57・P.67

⑥細い口の水筒やガラス瓶に。

83 米とぎざるで生まれる おいしいごはん

P.46でも紹介しましたが、大好きなお米も、天然素材でやさしくとがれたほうが喜んでくれるような気がしています。土鍋に置いて水切りしたあと、この土鍋で炊き上げます。

85 美しすぎる柳宗理 入れ子のボウル

使う時も、しまう時も美しく。サイズ違いのボウルを入れ子にしてしまえるので、場所も取りません。縁がくるんと丸まっていないので汚れがたまらないところもノーストレス。

86 愛すべき 日本の竹ざる

日本の台所で長く愛される竹ざる。茹で上がった野菜はもちろん、おむすびと小皿のおかずをのせてランチプレートにしたり、子どもたちのおやつをのせたり。前ページで紹介したとぎざるとともに、「土に還る」というのも愛すべき理由です。

84 まいにちの下ごしらえに ラ・バーゼ バット

このバットはあまりに使いやすくて、まわりにすすめまくっています。バット、角ざる、蓋という組み合わせがあまりにも秀逸で、日々の下拵《したごしら》えからちょっとした保存まで、使わない日はありません。

85

86

緑と暮らすまいにち

ターシャ・テューダーが大好きで大きな庭や畑に憧れているのですが、都会に住んでいるとなかなかその夢は叶いそうにありません。でも、夢を諦めきれなくて、小さなハーブの棚で薬草を育てたり、「森に住めないなら、おうちを森にしたい！」と、お部屋の中でたくさんの観葉植物との暮らしを愉しんだりしています。

おうちの観葉植物は、空間を浄化してくれる効果や、天然の加湿器のような役目も。そして何より、お部屋の景色がガラリと変化し、目にもやさしくておうちの中にいながら森にいるような感覚を味わえて、忙しいまいにちに潤いを与えてくれています。

また、玄関先の小さなハーブの棚では、元気な薬草たちが通るたびに良い香りで出迎えてくれます。ミントを植えると蚊除けになったり、ホワイトセージを乾燥させて保存しておき、焚いて玄関の浄化をしたり。小さな鉢でも薬草は生命力にすぐれていてぐんぐん育ってくれるので、日々の暮らしに役立ってくれています。ちょっと魔女になったような気分を味わえるのも、魔女になりたかった私には嬉しい。緑と暮らすまいにちは、大人になった私のままごとのような時間なのかもしれません。

森が目の前に広がっているように緑を配置しています。
台所仕事をしている時のこの景色が1番好き。

身近な薬草を活かして暮らす

玄関先のハーブの鉢植え、家まわりの日陰に密生するドクダミ、実家の庭のびわの木……。我が家の暮らしの根っこを支えてくれる大切な植物たちです。

87 ドクダミで虫刺されチンキ

ドクダミを洗って消毒した瓶につめ、ウォッカをひたひたに注ぐだけ。ときおり瓶を逆さまにして置いて2週間くらいたったら出来上がりです。虫に刺されたところにそのまま塗ったり、精製水で薄めて虫除け剤にしたり。肌に直接スプレーしても安心なので活用しています。

88 びわの葉エキスをニキビ、口内炎の薬に

びわの葉をよく洗い、水気を拭いて焼酎に漬け３～4カ月。精製水で薄めて化粧水にしたり、ニキビや吹き出物に塗布したり。口内炎や喉の痛みにも効くので、エキス１対水６くらいで割ってうがい薬としても使っています。

89 フレッシュハーブウォーターで夏の水分補給

夏の朝、まだ日が高くなる前に摘んだ薬草（ハーブ類）を洗って水に入れるだけ。レモンのスライスも入れると、夏の水分補給に嬉しいフレッシュハーブウォーターに。

90 ラベンダービネガーでリンスと柔軟剤

ラベンダーが大好きで、暮らしの中にたくさん登場してもらっています。乾燥させたラベンダーをりんご酢につけて約1週間置いたエキスは、水で薄めてまずはリンスに。ラベンダーは防虫効果があるので、季節のセーターをしまう前の柔軟剤として使います。

※洗濯機の柔軟剤口に入れるのは試していません。

91 ローズマリーの食器用洗剤

粉石鹸をお湯で溶かし、そこにフレッシュローズマリーの枝を数本漬け込むだけ。爽やかな香りと抗菌効果で、食器洗いが愉しくなります。

92 ホワイトセージを天然のお香に

ホワイトセージやセージは、育てるのもとっても簡単。浄化のハーブと言われているので、摘んだ葉を乾燥させておき、毎朝、玄関掃除のあとに1枚焚いています。

93 枯れ枝で森のディフューザー

ディフューザーって、おしゃれなおうちに必ずあるものって感じがしませんか？　でも、お値段もするし、香料が化学物質のこともあり、実は敬遠していました。だったら作れば？　と枯れた枝の下のほうの皮を削って、作ってみました。液体は無水エタノールなどのアルコールに好きなアロマを入れるだけ。名前は可愛く、「森のディフューザー」です。

暮らしに小さなコンポストを

エシカルな暮らしをはじめた13年前。そのはじまりから、ずーっと気になっていたのがコンポストです。ですが、実際にはじめたのは7年前。はじまりは小さな鉢植えに板をのせた簡易的なものでした。

「本当にゴミが消えるの？」「臭いは？」「失敗したらどうしよう」「G（ゴキブリ）出たらどうすんねん、私」などなど、都会の密集住宅でコンポストをはじめるにはやはり勇気が要ります。失敗した時の土の捨て方も、都会は大変。でも、本当にゴミが消えるのかを試してみたくて、余っていた鉢に土を入れ、そこにトマトのヘタなどをポイっとしていました。小さな野菜クズのみをゴミ箱感覚でポイポイと入れること数カ月。スコップで土を混ぜ返して、本当に驚きました。普通の土だったものが、真っ黒のふかふかのお布団みたいな土になっていたのです。しかも、その香りが土の香りというのか、本当に良い香りだったのです。

覗いてみると、野菜のヘタが分解されている！　ミミズに対面してぎゃー！とはなりましたが、娘が「可愛いやん！」というので、そんなものか？　と、人生ではじめてちょっとミミズを見直してみたり……。後で知ったことですが、ミミズは分解を進めてくれる「地球耕し隊」だと知って、改めて自然界の凄さを肌で感じました。

この瞬間「コンポストって面白い！」とその魅力にどハマり。だからといって大きな庭もないのに大きなコンポストを設置するわけにもいかず、いろいろと我が家サイズを検討。その結果、りんご箱にオーガニックの黒土で作るコンポストに至ったのです。

過去に、動物性のものを入れて荒らされた経験があるので、今は植物性のもののみを土に還しています。夏のコンポストはどんどん分解が進むのですが、冬は難しいので、糠を入れて発酵を促したり、分解しにくいものはたくさん入れないようにしたりと、我が家なりの工夫も。ナチュラルな工夫で、G問題も今のところ大丈夫。

完璧にしようと思ったら、なかなかハードルが高いと感じられるコンポスト。まずは小さな鉢植えではじめて、うまくいきそうなら少しサイズをアップする方法は、都会にはもってこい。失敗したら処分にも困りますものね。鉢のコンポストなら、失敗したらそのままハーブでも植えて、うまくいけばその土を大きなコンポストに移動すれば良いだけです。最近は自治体で助成してくれるところも多いようです。気になる人はぜひ試してみてくださいね。

コンポストのある暮らし

野菜クズを土に還し、その土でハーブや野菜を育てる。
小さなおうちでできる循環する暮らしは、自然の尊さを教えてくれます。

94 りんご箱で小さなコンポスト

コンポストに入れるものはクズ。捨てればゴミ。形が残らないものと残るもの。そんなことを考えてしまいます。

95 近くにミントを置いてG対策

今のところG問題がないので、効果のほどはわかりませんが、ミントの鉢もコンポストの近くに置いています。G以外に蜂やアリを寄せつけないそうです。

96 スマホケースも土に還るものを

小麦由来のスマホケースを使っています。100%土に還り、分解後は有機性廃棄物になるので、我が家は使えなくなったらコンポストに行きます。少しずつ、こういったものが増えてきているのは本当に嬉しい。

97 ふかふかの土をリサイクル

コンポストを作ると、本当に美しいふかふかの土が出来上がります。この土でハーブを育てたり野菜を育てたり、部屋の観葉植物の植え替えをしたり……。また次の命が生まれます。

部屋から出たゴミが、コンポストを経由して、ハーブや野菜という形になって、また戻ってきます。小さな暮らしが循環しています。

クローブでナチュラルにG対策

暖かくなってくると、どうしても気になってしまうのがG（ゴキブリ）です。
私ももれなく苦手。
プラスチックだらけの対策用品を買う気にはならないし、動物もいます。
環境のためにも殺虫の類は出来るだけ避けたい。
というわけで、我が家は出来るだけハーブなどで乗りきることに。

98 クローブ袋を部屋のあちらこちらに

小さな麻袋などにクローブを詰めて、台所の隅や排水の下など、Gの出そうな場所に置いておきます。

99 クローブスプレーを進入場所に

無水エタノールにクローブを漬け込んで1週間くらい待ちます。このエキスを外のエアコンの排水ホースなど、侵入してきそうな場所にスプレー。

100 コンポストにはクローブをそのまま

未だかつてコンポストでGを見たことがないのですが、実は蓋を開けるたびに「もしかして……」という気持ちは拭えません。だから、コンポストには直接クローブを入れています。

98

ORGANIC
100

99

Chapter 3

エシカルに生きること

エシカルな暮らしをはじめたら、
人生の羅針盤が整いました。
生きていくことは、いつも曲がったりくねったり。
先のことなんて、本当は誰にもわかりません。
だからこそ、エシカルに生きることで
本当の人生がはじまるのです。
本章ではもっと踏み込んだエシカルのこと、
子育てや仕事のこと、経済的なこともお伝えします。

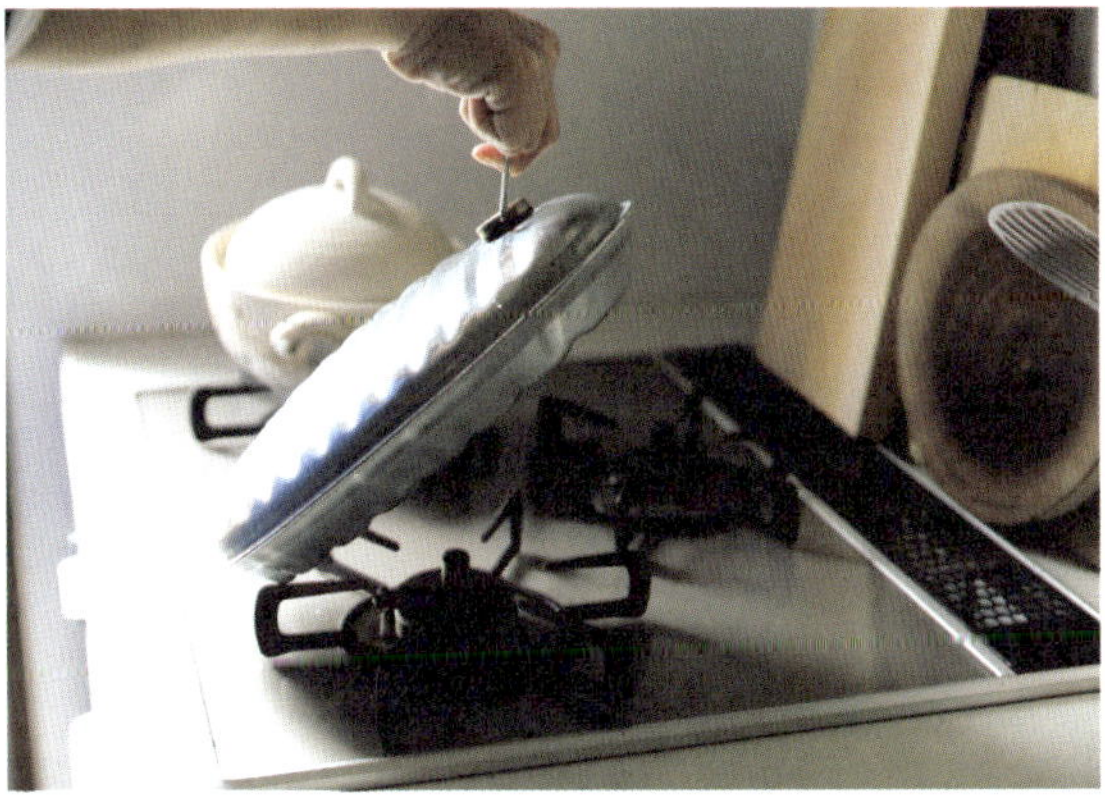

101 冬は家族みんなのふとんに湯たんぽ

冬は使い捨てない、ステンレス製の湯たんぽを家族のふとんの中へ。直火で温め直せるので、意外に使い勝手が良いです。

40代　本当の人生がはじまった

私は今44歳です（2024年9月現在）。大好きな角野栄子さんの言葉を借りるなら「4歳のふたご」。この年齢は女性の平均寿命のちょうど半分くらい。つまり折り返し地点を迎えたあたりで、長距離走では1番しんどい時かもしれません。

確かにそうですよね。子どもの成長のピークはこれからですし、ここからは、手がかからなくなるぶんお金がかかる時期。さらに、自分の体調の変化も感じられる年齢に差し掛かり、やがて更年期などもやってくるのだろうと、実はちょっとビクビクしています。

若い頃の私は、40歳という年齢にちょっぴり憧れがありました。というのも、パリマダムみたいに、無造作に髪をまとめて、デニムをかっこよく着こなし、エルメスのバーキンを持って街を闊歩する！　という夢があったのです。

ところが実際には無造作に髪をまとめたら、ただの疲れたおばさんだし、デニムをかっこよく着こなすお尻は手に入りませんでした。パリマダムどころか、マダムにはほど遠く、持ち歩くバッグには、疲れてしまうので軽さを求めてしまいます。パリマダムへの道のりは長く険しい。というか、そんな40代への憧れを持っていたことすら、実は忘れていました。

それは、30代で出会った「エシカルな暮らし」に生き方をぐるんと変化させられたから。

思えば、恥ずかしいほど自分のことしか考えていない10代、20代を送ってきました。若い頃は多少そうかもしれませんが、特に私は酷かったように思います。わがままで、気ままで、自分を満たすことが最優先。ものを買っては、すぐに飽きてしまって、簡単にゴミ箱へポイ。水は流しっぱなしで歯を磨いていたし、クーラーなんて暑ければ1日中つけっぱなしです。電気はどこからやってくるのかなんて、考えたこともありませんでした。

そんな私が、2010年に長男を授かり、その翌年に東日本大震災が起こります。関西に住んでいるので被害はありませんでしたが、テレビの向こう側の様子に、背筋が凍りつきました。命って、あたり前ではない。明日は必ずくるとも限らない。目の前の子どもを、思わずぎゅっと抱きしめました。そして起こった原発事故。次々と出てくる問題に、自分が流されて生きてきたことを改めて思い知らされます。誰が悪い、何が悪いではなく、知らない自分、見ようとしなかった自分が悔やまれました。

さらに長男は味覚にとっても敏感な子で、食べるものには苦労していました。でも、そのことがきっかけで、自分たちの食べるものは、一体どこからやってきているのか？　どんな風に作られているか？　を学びました。さらに、農薬が生態系に被害を及ぼしていること、プラスチックが及ぼす未知の影響、さまざまな環境汚染や地球温暖化という、日本ではあまり報道されないことを、地に足をつけて考えるようになったのです。

やっと「ママ」と言えるようになった長男に、自分は大人として誇れるだろうか？　そのもっと先の子孫に、誇れる未来を手渡せるだろうか？　「誰が」でもなく、「社会が」でもなく、「自分が」そのように生きているだろうか？　そんなふうに、人差し指を自分に向けて問いかけてみると、今までの人生は明らかにNO。だったらここから先、私は私なりに、せめて自分1人ぶんぐらいは、環境や未来にやさしい暮らしをしよう。と思い至ったのです。

もちろんはじめは、失敗だらけ。でも、少しずつ少しずつ、暮らしをエシカルにシフトして行くまいにちを送る中で、今までにない確かさで、こんなふうに思えたのです。

「本当の人生がはじまった」

102 美容タイムも エシカルに

年齢を重ねるごとに、メイクや美容への考え方も変化してきました。

日焼け止めは海で使った場合、珊瑚を傷つけない成分のものを使っていますし、ファンデーションはオーガニックで石鹸で落とせるものなら、メイク落としも必要ありません。化粧水とクリームは基本手作り。たまに、自分へのご褒美としてオーガニックのスキンケア用品を購入したりするのは、愉しみの1つです。

103 ツールは 長く使えるものを

竹のヘアブラシや、ヴィーガンのフェイスブラシをメインに使っています。そうではないものもありますが、エシカルの基本は、良いものを長く使うこと。良い道具は、こまめにお手入れをして長持ちさせています。

400着を捨て、40着を愉しむ

私はかつて、たくさんのものに囲まれて暮らしていました。たくさんのブランドもの、たくさんの服、たくさんの靴、たくさんのコスメ。それでも飽き足りず、お給料のほとんどをそれらに注ぎ込んではご満悦。それはそれで楽しかったのですが、あの頃は「今、ここにないもの」ばかりを探していたような気がします。私が持っていないものは？　と、次に手に入れるものを見つけることが快楽。独身の道楽といえばその通りなのですが、今となってはあの頃の自分がちょっぴり恥ずかしい。ブランドものを否定するわけではありませんし、良いものは本当に良いと思います。今でも手放さず、手元にあるものも。ずーっと長く使うことは、やっぱりエシカルですものね。でも、あんなに心が満たされなかったのはなぜだろう？　と今でも時折考えることがあります。

それはきっと「ないもの」に焦点を当てていたから。エシカルな暮らしをはじめてみたら、目の前にあるものだけで、十分に生きていけることを知りました。これが「足るを知る」ということでしょうか。

朝日が昇っただけで嬉しいいし、ご飯が美味しいだけで思わず笑みが溢れます。

庭の薬草に遊びにきてくれた蜂には、ここまでたどり着いてくれたことに感謝。400着とさよならし、残った40着は本当に大好きな子たちです。靴も基本は3足をはき回し、時折靴の底を拭くほど大切にしています。コスメは小さな木箱に収まるだけ。私個人の持ちものは、小さなクローゼットで十分に事足りるほど。

持たないエシカルな暮らしに変化して、1番増えたのは時間です。時間が生み出されなければ「インスタグラムをやってみよう」とは思っていなかったはず。その結果、本も2冊目を出版することになりました。何度も書きますが、時間泥棒の正体は「モノやコトの管理」です。でも「管理」は見える化しにくく、知らない間に時間を浪費していることが多いのも事実。「管理」の裏の顔はちょっとややこしくって、一見便利そうで効率的なものに宿っていることも多いので、気をつける必要があります。ちょうど児童文学の傑作『モモ』に出てくる『灰色の男たち』のように。

本当の時間を手にしたことで、心から大切でやりたいことができるように。暮らしと食事に手をかけ、思う存分本を読む豊かなまいにちを送ることができています。老後の夢だと思っていたことが40代の子育て中に叶ったのは、持たない暮らしのおかげです。

片づけに困るほど持たない

おうちには、あらかじめ「収納場所」が確保されています。
この基本の収納場所に収まるだけのものの量が理想だと気づきました。

104 私1人の持ちものはすべてクローゼットに収める

1年を約40着で過ごしているので、衣替えも不要。このクローゼットになって1番の変化は、朝、着る服に悩まなくなったこと。ものすごい時間の節約です。

105 家族みんなベッドでなく布団

我が家は家族5人、ベッドではなくお布団で寝ています。それは5人分のベッドなんて、そもそも置く場所もありませんし、お布団なら片づけたらその部屋はフリースペースとして使えるからです。

106 掛け布団は掛ける収納に

掛け布団は100円ショップで購入した大きなS字フックに掛けて収納。こうすると、湿気も溜まりにくく、さっと片づけられるから、子どもでも毎朝のルーティンにできます。

子どもと一緒にエシカルに生きる

私をエシカルに導いてくれたのは、紛れもなく3人の子どもたち。もちろん、子どもがいなくたって、素晴らしい人生を歩む人はたくさんいます。ですが、私は自分自身が本当に子どもだったので、3人の子どもたちが、伝道師として私の横っ面を張り飛ばしにきてくれたのだと思っています。「いい加減にしなさいよ！」なんて。

エシカルには「倫理的」「道徳的」という意味合いがあり、それは子育ての指針にもなっています。法律や決まり事で禁止されていることではないけれど、人として「どうありたいか」を示す生き方ではないかな？　と思っています。

例えば、子どもたちが成長していく中で「〇〇くんはこうしてた」「〇〇ちゃんのおうちはこうなのに」という「他人と自分を比べる視点」が出てきます。その度に、「我が家の方針」を変化させるのは、子ども自身も迷ってしまうだろうし、芯のない大人の言うことを、子どもたちが信頼してくれるとは思えません。

とはいえ、子どもたちを決まり事で縛るのではなく、1人の人間として「ママは、環境に負担を与える暮らしをしたくないから、これを選んでいる」ということを伝えるようにはしています。あくまで、選択をする権利は子ども自身にある。という感じでしょうか。

もちろん、子どもですから親の思い通りなんていくはずがありません。プラスチックのものももちろん欲しがりますし、駄菓子屋さんだって大好きですよね。子どもは。

実は少し前、長女が夢見ていたのは「100円ショップで爆買い」です。実際、自分の誕生日にばぁばから「100円ショップで爆買い」をプレゼントしてもらっていました。でも、その半年後にほとんどがゴミになっているのを自分で確認し「もう爆買いはいいわ〜」なんて言っていましたっけ。それもこれも、子どもたちの成長にも経験にも、とっても大切なことだと思っています。

私も子どもたちにすべてをOKにしているわけではなく、小さな決まり事を作っています。例えば、私はお金を払いたくないものを、子どもたちが欲しがった時は、自分のお小遣いで買うようにさせています。子どもたちは、両方の両親からちょくちょくお小遣いをもらっているので、それをコツコツ貯めているよう。実はゲーム機も3人でお小遣いを出し合って買っていました。長女なんて、ゲームはしないのにうまく言いくるめられていました。その時の長男と次男の交渉力は、なかなかのものだったと今でも思います。

エシカルな子どもとの暮らし

我が家の遊びの基本は外遊びです。理由は、その時にしか習得できない発達の段階があるから。おもちゃやグッズなども「長く使える」を基本に選んできました。

107 天然素材の乳母車とウォルドルフ人形

物心ついた時から、お人形が大好きだった長女のため、赤ちゃんのお人形やお世話グッズにはお世話になりました。現在小学6年生ですが、自分の子どもに使わせたいと、今でも大切にしています。

108 アナログゲームで家族のコミュニケーションを

我が家のゲームといえば、数々のアナログゲームです。今でも、お皿洗いや布団ひきをトランプで決めることも。1番盛り上がるのは、主人のものだった人生ゲーム。実家にあったものを引っ張り出してきました。

109 積み木は孫の代まで使えるものを

積み木はずっと使えるおもちゃだと思います。だから、孫の代まで使えるいいものを揃えました。国産の白木の積み木に加えて、グリムス社やネフ社のものを。今は、オブジェのように愉しんでいます。

107

魔法使いのチョコレート・ケーキ
グリーン・ノウの子どもたち
スプーンおばさんのぼうけん
小さなスプーンおばさん
クラバート
小さい魔女
大どろぼうホッツェンプロッツ三たびあらわる
大どろぼうホッツェンプロッツふたたびあらわる
大どろぼうホッツェンプロッツ
王の帰還 下
二つの塔 下
二つの塔 上
旅の仲間 下
旅の仲間 上
ホビットの冒険
岩波書店
ハリー・ポッターの魔法世界ガイド
ハリー・ポッターと魔法の歴史をめぐる旅
魔法の呪文教室
ハリー・ポッターと呪いの子
吟遊詩人ビードルの物語
死の秘宝 下

109

子どもとお片づけ

子どものものって、ごちゃごちゃしているし細かいものも多いし、お片づけしにくいんですよね。それに、我が家の住人たちは私も含めて「きっちりしまう」ということがどうも苦手。ですから、子どもたちのお片づけスペースもきっちり仕切らずにラック＋かご。それをリビングの隣の和室に、1人ひと棚置いています。

この子どもたちのスペースには1つだけルールがあって、それはラックに入るだけしかモノを持たないということ。洋服などは別ですが、自分の場所には自分で責任を持って欲しくて、こんなふうにしています。もちろん、掃除も自分で。いらないものやいるものを判断するのも、もちろん自分自身。これが最も得意なのが長女です。定期的に自分のモノを見直し、今の自分にフィットしないものは、お友達や年下のお友達に譲ったりしています。春休みや夏休みなど、長い休みには全部出してお掃除し、棚を移動させ、その裏もお掃除しています。根っからのお母ちゃん体質なのでしょうか。

対して、長男と次男はお片づけは苦手。すっごく綺麗な状態は年に数回程度ですが、基本的には自分のスペースはなんとか保っています。あまりにひどい場合は注意しますが、私自身が片づけることはありません。あくまでもその場所は、自分の責任でキレイを保つ！　が原則の場所です。

我が家は中学生もリビング学習ですが、自分の棚から勉強道具を持ってきて学習し、終わったら戻すようにしています。あくまでリビングは公共の場。個人のものは置きっぱなしにしないのがルール。もちろん親も同じです。

一方、みんなで使う折り紙や共通の文房具は、スチールラックに納めて、リビング近くまで移動できるように。使い終わったら、スチールラックを隣の和室に戻してお片づけ終了。

エシカルな暮らしをはじめて、モノと改めて向き合ったときに心から思ったことは、モノが人生を豊かにしてくれるわけではないということ。例えば、子どもたちにとっては、よく削れる電動の鉛筆削りを知っているより、カッターで鉛筆を削る方法を知っているほうが、人生は愉しくなるのではないか？　と考え方が変わりました。

ものを最小にすると、体験や経験を真ん中に置く時間ができます。これは私自身にも言えることですが、お片づけなんてさっさと終わらせて、人生の大切なことに焦点を置いて生きていくほうがきっと豊かになれるのだと確信しています。

我が家の子どもスペース

小さなおうちで暮らしているので、子どものものも出来るだけ少数精鋭で。
自分のスペースを決めることで、自然とものの管理ができるように。

110 自分のスペースは自分の責任にする

1人ひと棚のスペースは自分で管理するのがルール。だからここは、自分の好きに飾っても良いスペースでもあります。リビングではインテリアを壊してしまう賞状やトロフィーもここはOK。

整理整頓が得意な長女の棚。女の子のものは、特に細かいものが多いのですが、すっきりと片づけられています。

MLB

111 みんなの共有物は移動式に

一方、みんなで使うハサミやのりやテープなどは、移動式のワゴンに乗せて移動可能にしています。このままリビングまで運んで、使ったら和室に戻します。

112 お片づけの味方は、空き缶と空き箱

空き缶や空き箱はシンデレラフィットを目指さない我が家の定番品。文房具やシールのお片づけにも大活躍。「ペンの缶」「シールの缶」、なんて言い方も可愛くて好きです。

113 子どもたちの服も掛ける収納

ローテーションが早い子どもたちの洋服は、掛ける収納にしています。しかもラックは洗濯物を干すベランダ（写真左端）のある部屋に置いてあるので、「干して→取り込んで→しまう」が一気にできます。もちろんハンガー類もプラスチックは使いません。

子どもにエシカルをどう伝える？

ＳＤＧｓやサスティナブルという言葉が教育の現場にも浸透しつつあります。ですが、エシカルなことはおうちで取り組むのが1番大切だと思います。例えば、学校でリユースを習っても、実践できる場所がなければ、身に着くのはなかなか難しい。それは大人も同じ。

「勉強はしたほうがいいよ」と言いながら、親が勉強していなければ、子どもがするわけがありません。小学生の頃、とある標語の看板を見かけたことがあり「ええ言葉やなぁ」と思っていたことがあります。その標語とは『人権は　言うより示せ　行動で』というもの。今でも、何か逃げたくなることに出会ったら『言うより示せ　行動で』と自分に言い聞かせるほど。今考えると、変な子どもですよね。そんなこと覚えているなんて。でも、こんなことから、今しかない子ども時代を心から大切にしようと思えたのかもしれません。

我が家は、私が環境問題に興味があったので、食事の時などにＳＤＧｓクイズなどを出して、遊ぶことがあります。ですが、子どもに「気候変動がさぁ」と言っても、きっと「？？？」。そんな時は、子どもたちが想像しやすい動物などに置き換えて話してみるとわかりやすいので、とってもおすすめ。

例えば「最近、北極のシロクマの数が減ってきています。それはなぜでしょう?」などと聞いてみます。クマは実際、絵本や童話にもよく登場し、子どもが自己投影しやすいキャラクターでもあります。ですから、子どもたちは自分ごととして捉えやすく考えが浮かびやすいのです。

これは実際に、子どもたちが8歳、6歳、4歳の時に出した問題で、1時間かけて3人で答えに辿り着いた問題でもあります。一見難しいようですが、8歳は8歳なりの答えに、4歳は4歳なりの答えに辿り着くのが本当に面白い。もちろん、すぐに答えに辿り着くわけではありませんから、少しずつヒントを出します。

「同じ寒い場所だけど、北極にはなくて南極にはあるものがあります」

というと、子どもたちは地球儀を出してきて確かめます。すると「わかった地面や!」と答えに通じるヒントを導き出すことができ、北極のシロクマはどこで生活しているんだろう? と考え、「氷の上や!」となります。

でも、これだけでは地球温暖化に辿り着くのは難しい。ここで、シロクマはどんなふうに生活しているかを知る必要があります。図鑑や映像でシロクマの生活を見ると、シロクマは氷上で子育てし、餌を食べ、生活していることがわかります。もちろん、シロクマが減っている理由はそれだけではないのですが、そこで、

8歳の長男が「餌がない？　いや、氷がないんかな？」と、ぽつりとつぶやきました。

「なんで、氷がなくなんの？」と聞いてみると「溶ける？」との答え。「なんで溶けるの？」の問いには「暑いから」。となると、もう答えはわかったようなものです。

「わかった！　海の水があついんや！」

そう、その、本当は寒くなければいけない場所が、暖かくなってしまうことを地球温暖化って言うんだよ。と結論が出てきます。

でも、本当に大切なのはここから。そうならないためにはどうすれば？　をみんなで考えることが、おうちでできるエシカルなお話。まずは、子どもたちの身近なところから、「電気や水の無駄遣いをやめてみよう」と言うことをみんなで決めます。そうすると、子どもって素直なので、電気をつけっぱなしにしていると「シロクマ死ぬで！」と言いながら、消して回っていたり……。

大人でも難しいと感じる地球環境のお話。ですが、これからの未来を生きる子どもたちには、必須科目でもあります。未来に貸しを作りたくはありません。だからこそ、大人がきちんと取り組む姿勢を見せなければと思います。言うより示せ　行動で。ね。

114 手作りの捨てないカレンダー

このカレンダーは、長女が学校の手作りクラブで作ってきたものです。私がプラスチックを出来るだけ買わないのを知っているので、学校に落ちていた枝と麻紐と厚紙で作ってくれました。実は「SUNDAY」がなく（笑）、休ませてくれー！と家族で冗談を言いましたが、野球少年少女にはお休みはないので、ある意味正解？　かもしれません。

115 自然に還る歯ブラシ

世界中で1年間に廃棄されている歯ブラシの量は約36億本! 少しでも環境負荷を減らしたくて、我が家では木製を使用し、カビないように1本ずつクリップで吊るして保管しています。

116 子どもとクイズでSDGs

子どもたちとのまいにちのなかでエシカルを定着させるには、遊びながら学ぶのが1番。食卓を囲んで、クイズを出し合うとけっこう盛り上がります。よく「家族の理解が得られない」とお悩みの方も多いのですが、日常の中で強制されてしまうと、やはり辛いものです。興味のないことに取り組むのは難しいですものね。私だって、まいにち、まったく興味のないプロレスを見ろ！　と言われたら、絶対に逃げ出します。

家族とは「ゆずり愛」の精神で。自分自身が愉しむ気持ちでやっていれば「あれ？　なんか面白そうだな」と、家族も興味を持つかもしれません。家族に対しては「いつかやってくれたらいいなぁ」くらいで大丈夫。まずは、自分自身がエシカルな暮らしを謳歌しましょ！

Q1 日本人1人当たりが捨てている食品は1日どれくらい？（2021年時点）

①おちょこ1杯ぶん　②コップ1杯ぶん

③お茶わん1杯ぶん

Q2 地球上で絶滅危惧種と言われている動物はどれくらい？（2023年時点）

①約400種　②約4000種　③約4万種

Q3 今のままだと2050年には海の中で魚より多くなってしまうと言われているものは？

①マイクロプラスチック　②深海探索機　③海藻

Q4 地球上で学校に通えない子どもはどれくらい？（2021年時点）

①約2千人　②約2万人　③約2,4億人

Q5 SDGsの目標はいくつある？

①7個　②17個　③77個

答え　Q1…③　Q2…③　Q3…①　Q4…③　Q5…②

column

本のこと

もし、子育てグッズを1つしか選べないとしたら、私は迷わず本を選びます。理由は、本は、扉を開けるだけでどこにだって行ける、魔法のほうきそのものだと思っているから。

みなさんは、昔読んで面白かった児童文学や物語の本を覚えていますか？　それを大人になって読んだことはありますか？　私は、物語の世界が大好きで、未だにその世界の虜なのですが、あの頃と見ている場所やものが違うから、まったく違う感想を持つことがあります。

だからこそ、今、子どもたちが本を読んで話してくれる感想がとっても面白いのです。

例えば、次男が1番好きな『大どろぼうホッツェンプロッツ』や『小さい魔女』は、私が読書にハマったきっかけをくれた本です。長女が「名前覚えられへんねんけど、めちゃくちゃ面白い！」と言った『おちゃめなふたご』のシリーズは、私が女子校へ進学するきっかけになった本。長男が中学生になってハマり出した『ハリー・ポッター』シリーズは、私が大人になって、改めて児童文学を読み出すきっかけになった本です。本は、こんなふうに、時代や年齢をひょいっと飛び越えて、同じものを面白がれるという、かけがえのない体験を運んできてくれます。

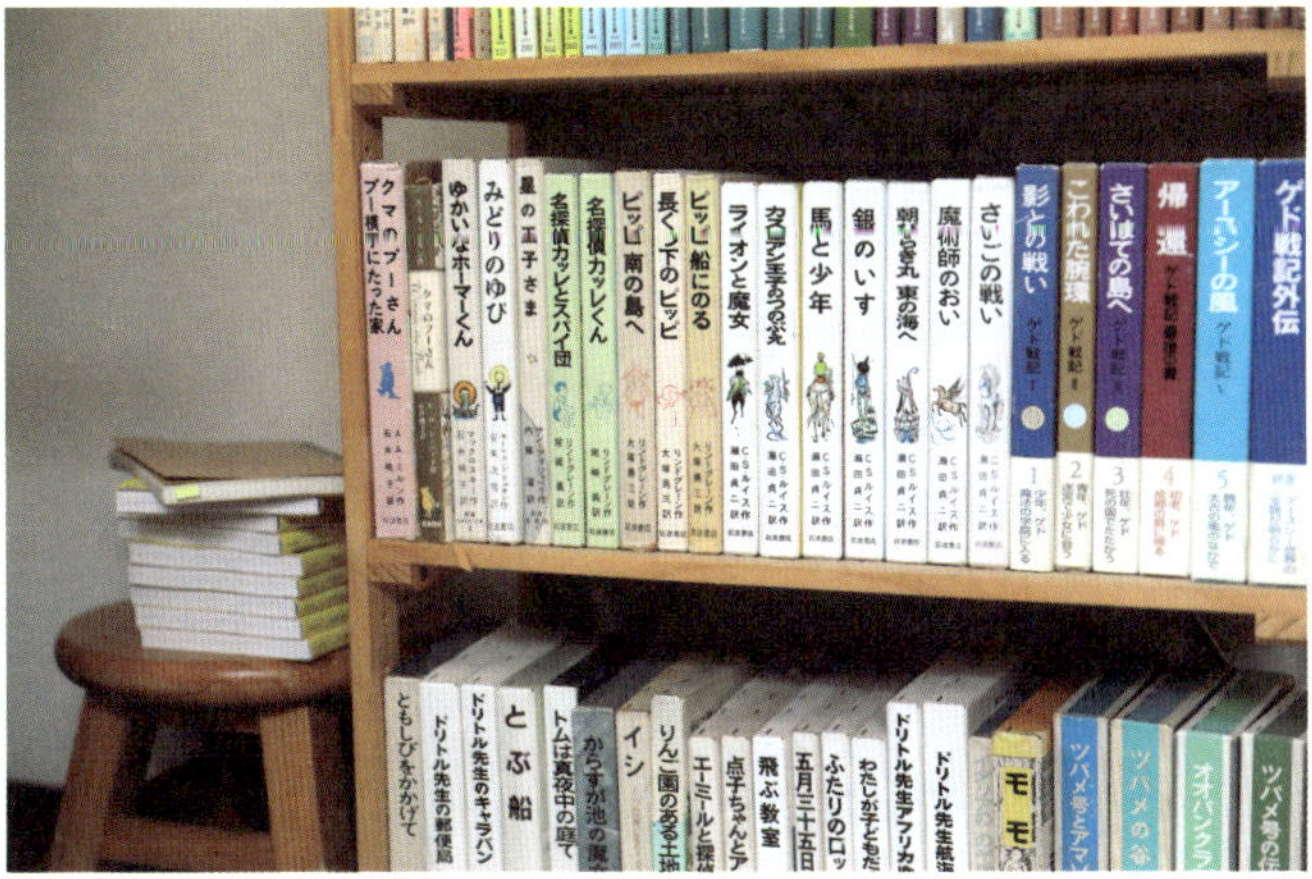

エシカルなお金の使い方

「高い！」買いもの中、ついついそう言ってしまうことが増えました。例えばドーナッツショップに行っても、今は200円近くするものやそれ以上のものも。私が小学生の頃は100円もしないドーナッツがあって、塾の帰りに食べるのが楽しみだったのになぁ。

なんて嘆いていてもはじまりません。きっと、物価は安くはならないし、日本は輸入に頼っている国ですから、いつかはコンビニ弁当が1000円なんて日も来るのかも。だからこそ、今、お金の使い方を見直したい。と強く思います。

「エシカル消費」とよく言われますが、私個人はそれだけで環境問題が解決するとは思っていません。だって、エシカルな商品を大量に作って、それをまた捨てていたら結局は同じこと。言葉に惑わされず、しっかりと自分の意思を持つことがとっても大切です。

だからといって、フェアトレード（公正取引）の商品がどこでも手に入るわけでもありませんし、有機野菜や無農薬野菜が簡単なわけではありません。それに、すべてをそうするのって本当に難しい。絶対にこれしか買わない！って、素敵だけど、息苦しい人もいらっしゃるはず。

そんな時は、2回に1回、3回に1回でも大丈夫。それだって、立派なエシカル消費。でも、これだけは！　というお金の使い方の軸を、自分の中で持っていると、もの選びが少し楽になるかもしれません。私の場合はそれが卵。卵だけは平飼いを買うと決めています。それは、日本の鶏舎のシステムに疑問を持っているから。実際は、畜産すべてなのですが、お肉はまだまだエシカルなものが手に入りにくいのが現状です。そんな中でも卵は平飼いが手に入りやすいのです。

こんなふうに、どこにお金を使うか？　は、浪費や消費ではなく投資になるのではないでしょうか？　そこにお金が使われると、その企業やお店が潤沢になり、結果「エシカルなコト」が増えるという図式を、自分のお金を使って実現できたら、と思っています。そのためには、私1人ではなく、今まで興味がなかったけれど「なるほど！　その考えに1票！」とお金を払ってくれる人が増えれば、社会は良い方向に向かっていくのではないでしょうか？

買いものは、生き方。お財布からお金を出すたびに、その影響を考えます。お金が多く落ちるところは、その場所がうまく回るということ。節約も大切ですが、これだけは！　のエシカルなお金の使い方も大切にしたいと思っています。

マイクロプラスチックのこと

マイクロプラスチックとは、5ミリ以下に小さくなったプラスチックのこと。ペットボトルやレジ袋などが波や紫外線にさらされて小さくなったものもそうですし、化粧品や洗剤に含まれるビーズなども同じです。小さいために回収が難しく、海や空気中に漂い、海洋生物や人間の健康にも影響を与えているといわれています。

プラスチックは製造過程でもたくさんの化学薬品が使われていますし、何よりも化学物質を吸着する性質を持ち合わせているため、生態系への影響が懸念されています。

日本は、世界第2位のプラスチックゴミの量を出していて、人口や面積に対してもあまりにも多いと感じています。エシカルを学びはじめた頃、プラスチックを餌と間違えて食べてしまった多くの海洋生物や海鳥たちが命を落としているのを知り、出来るだけプラスチックを出さない暮らしに切り替えました。さらに、道に落ちているプラスチック系のゴミは、風で飛ばされて川や海に出てしまう可能性が高いので、愛犬の散歩の時間はゴミ拾いの時間でもあります。

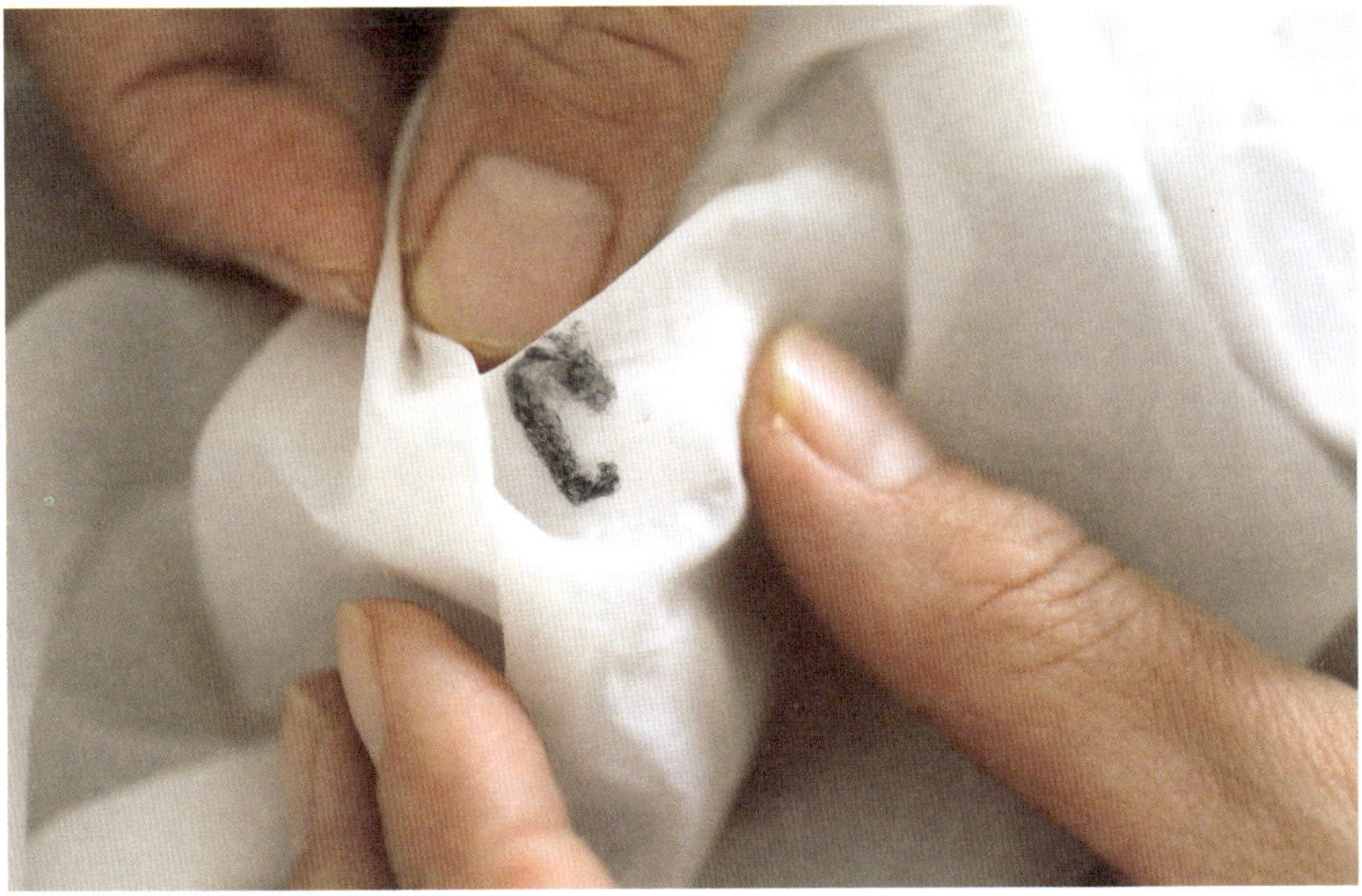

意外に皆さん、目にしているのではないでしょうか。これが衣類から出るマイクロプラスチックです。少なくとも排水溝には流さないで、燃やすゴミとして自治体のゴミ回収へ出すのが今のところのベターな選択。

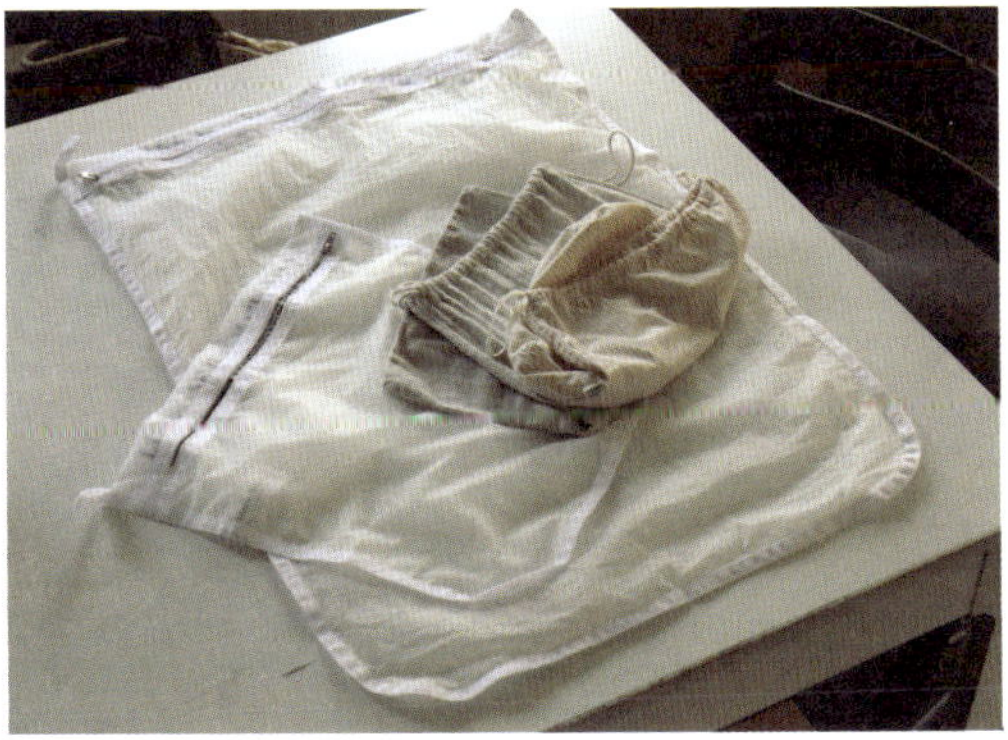

117 洗濯ネットは細かい網目のものを

化繊からマイクロプラスチックが出るため、化繊の洋服はオーガニックコットンの巾着か、マイクロプラスチックを出さない洗濯ネット（アースフレンドリー）を使っています。

エシカルに働きたい！

2020年1月にはじめて確認された新型コロナウイルスのパンデミックは、色々なことを浮き彫りにしたなぁと感じています。もちろん、その流行は辛いことも多く、不安もありましたが、私たちに、働き方や生き方をしっかりと考え直す期間を与えてくれた期間でもあったように思います。絶対に無理だと思っていた「通勤しなくて良い勤務体系」を、いとも簡単に連れてきてくれましたし、このままではニッチもサッチも行かない職業も浮き彫りにしました。

ステイホームの期間、意外にも聞こえてきたのは「おウチ時間って良いものかも」という言葉。実は私自身も、このステイホーム期間に働き方をもう一度考えた1人。「暮らしと仕事」を分けなくてもいいんじゃない？　と思いはじめ、今のような働き方になりました。

それに、会社に勤めているといつかは定年というものがやってきます。今は65歳のところが多いようですが、女性の平均寿命は87歳。あと20年以上も無職の状態が続くの？　と少し不安にも。

だったら、一生できるような仕事を、体力のあるうちに考えておくのがエシカルに生きるコツでもあります。まずは副業からで良いと思うのですが、ポイントは「体が今のように若くなくても、無理せずにできること」ではないでしょうか？ 月に3万円もいただけたら、年金にプラスして少し余裕も出ます。孫にお小遣いもあげたいですしね！

エシカルに働くことは、きっとこれからスタンダードになるのではないでしょうか？ 早くはじめたら、副業が本業になることだってあると思います。色々なことにチャレンジすれば良いと思います。それが大好きなことだったら、年齢を重ねても愉しく働くことができます。それって、素敵な生き方ですよね。

118 キッチン内オフィス

暮らしの中に仕事があり、仕事の中に暮らしがある。コロナ禍を経て、ずーっと手探りだった自分の働き方の理想が見つかったような気がしています。台所でコトコトとお鍋を煮込みながら、隣でパソコンを開いて仕事をする。仕事に疲れてきたら、家のことをして息抜きをする。インスタグラムの投稿だって台所で作るし、その間にお料理の味見をすることも。あえて分けない暮らし方、とでも言いましょうか……。
まぁ、本当は動くのが面倒くさい、ズボラな私の性格とでも言いましょうか……。『私のオフィスは台所』が今のところ心地良いのです。

おわりに

和時計という存在をご存じでしょうか? 江戸時代に日本で製作された機械時計のことです。宣教師に贈られたという機械時計を模倣して作られた日本独自の時計で、この時計の時の刻み方がとっても面白いのです。現在の時間の刻み方を「定時法」といい、1日を平等に分けて1時間とするのですが、和時計が刻む時は「不定時法」といいます。これは、1日を昼と夜に分け、それぞれを6つに分ける方法。季節によって昼と夜の長さが違うため、時間が一定しないことからそう呼ばれたそう。

つまり江戸時代は、時間に合わせた省エネ生活を実施していたのですね。実際に武士や商人以外の江戸っ子は、夏の暑い時には働かないと言っていたみたいです。

和時計の存在を知った時、この日本人の季節を大切にする時間の刻み方をとても尊いものに感じました。考えてみれば、夜の長さは季節によって違います。冬は5時にはもう真っ暗なのに、夏と同じように「夕方」と呼ぶのは感覚的に「違う」とわかってはいるのですが、時刻という概念で捉えたらやはり「夕方」なのです。

そして、地球の未来を考えた時、こんなふうに地球の歩みに合わせて、私たちの時間が、今よりもっとゆっくり進める方法を考えることが自然な形のようにも思えます。私自身、エシカルな暮らしに出会って、本当に人生が変わりました。「もっと! もっと！」と思っていた消費的な暮らしから、「今のままで十分」だと思えるようになったことは、足りない精神から、いつも心に吹いていたすきま風を退治してくれたのです。

私にとっての2冊目の本も、本当にたくさんの方に支えられて書くことができました。まずは私と一緒に「あーでもない、こーでもない」とエシカル本と向き合ってくれた、日東書院本社の望月さん。時に椅子に登りながら、時に床に寝そべりながら、本当に素敵な写真を撮ってくれたカメラマンの石川さん。頭の中で描いていたイメージぴったりにデザインしてくださった鷹觜さん、いつも、私のアカウントへ遊びに来てくれるエシ友さん（フォロワーさん）たち。そして、私をエシカルな暮らしへと誘ってくれた家族にも、心からの感謝を。本当にありがとうございました。

この本を手に取って下さった方が、エシカルをきっかけに心から愉しいまいにちを送ってくれたなら、こんなに嬉しいことはありません。でも、時には続けることがしんどくなったり、否定されて悔しくなったりするかもしれません。そんな時はぜひ「心の友よ～」とこの本に帰ってきてくださいね。そしてまた、人生を整えるエシカルの道を、一緒に歩きはじめましょ。

もちろん、今日もゆるっとエシカルに。

2024年　9月吉日　梨田莉利子

著者　梨田莉利子
大阪の郊外で、夫＋３人の子ども＋保護犬1匹の６人家族でエシカルな暮らしを実践している。2022年6月に開設したインスタグラムアカウント「エシカルなまいにち」は、その年のインフルエンサーアワードジャパン・WELL-BEING部門で優秀賞を受賞。2023年には書籍『暮らしは楽しくエシカルに。』（時事通信社）も出版。本著は２作目。現在は約15万人のフォロワーがいる。エシカルな暮らし方のコツや工夫を紹介する講座やセミナーも人気。ラジオでは、これからの生き方やエシカルな働き方など、違った角度からの発信もしている。本業はライター。
https://www.instagram.com/ethical_ririko/

STAFF
装丁・本文デザイン　鷹觜麻衣子
撮影　石川奈都子
校正　鷗来堂
企画編集　望月久美子（日東書院本社）

今すぐマネできる
エシカルライフ118のアイデア図鑑

2024年 9 月 5 日　初版第１刷発行
2024年12月10日　初版第２刷発行

著者　梨田莉利子
発行者　廣瀬和二
発行所　株式会社日東書院本社
〒113-0033　東京都文京区本郷１丁目33番13号 春日町ビル5F
TEL:03-5931-5930（代表）　FAX:03-6386-3087（販売部）
URL: https://www.TG-NET.co.jp
印刷　三共グラフィック株式会社
製本　株式会社ブックアート

ISBN978-4-528-02427-4 C2077